Als der Irrtum anfing,
hatte er noch andere Auswege.

Alexander Kluge

NORBERT LEITHOLD

FRIEDRICH DER GROSSE – *WIE ER WIRKLICH WAR*

oder

DIE BELIEBTESTEN IRRTÜMER ÜBER DEN KÖNIG VON PREUSSEN

TAUCHAER VERLAG

KURZWEILIGES Nr. 54/55

Leithold, Norbert:
Friedrich der Große – Wie er wirklich war /
Norbert Leithold
1. Aufl.-[Taucha]: Tauchaer Verlag, 2005
ISBN 3-89772-095-7

Gestaltung: Helmut Selle
Herstellung: Neumann & Nürnberger Leipzig
Satz: XYZ-Satzstudio, Naumburg
Druck und Verarbeitung:
Westermann Druck Zwickau
Printed in Germany
ISBN 3-89772-095-7

INHALT

GELEIT

Preußisches Wappen. Vignette um 1766.

FRIEDRICH II. ist, neben Napoleon Bonaparte im neunzehnten Jahrhundert und Hitler im zwanzigsten Jahrhundert, der folgenreichste Politiker der neuen europäischen Geschichte. Friedrich regierte 46 Jahre und führte Preußen zur Großmacht. Er brach zwei Kriege vom Zaun und wurde mit dem Siebenjährigen Krieg in den ersten Weltkrieg der Neuzeit verwickelt. Friedrichs Selbstverständnis als Herrscher war in vielen Punkten anders als das seiner gekrönten Zeitgenossen. Friedrich sah sich nicht mehr als von Gottes Gnaden und Heilige Majestät, die in Omnipotenz und

Unfehlbarkeit regierte. Friedrich akzeptierte Gesetze, denen sich letztlich auch der König zu beugen hatte. Unter Friedrich entwickelte sich das Allgemeine Preußische Landrecht, die Grundlage des heutigen Bürgerlichen Gesetzbuches. Preußens Wirtschaft fand Anschluss an die internationalen Märkte, die Künste blühten auf, und der König blieb bis zum Lebensende offen für Neuerungen und Erfindungen. Die Dampfmaschine ließ er in seinem Land nachbauen, und wie teuer importierter Kaffee und Kakao synthetisch herzustellen wären, interessierte ihn 1779. Preußen war, anders als die übrigen Mächte in Europa, ein Militärstaat. Millionen von Menschen wurden über das Militär diszipliniert. Woraus sich auch die, heute wieder akzeptierten, sogenannten preußischen Tugenden entwickelten. Mit dem zeitlichen Abstand zur Auflösung Preußens im Jahre 1947 gewinnt auch die friderizianische Epoche an Interesse und man kann über Preußen denken, was man will, ohne Friedrichs Politik hätte es den deutschen Nationalstaat nicht gegeben. Das Heilige Römische Reich Deutscher Nation, bestehend aus hunderten mehr oder weniger autonomen Fürstentümern, wäre zum Spielball anderer Monarchien geworden, die Landkarte sähe jetzt anders aus.

Das Berliner Schloss, Symbol einer erfolgreich aufsteigenden Dynastie, wird wieder aufgebaut werden. Vom gleichfalls beseitigten Potsdamer Stadtschloss, der Winterresidenz Friedrichs II., ist das Fortunaportal bereits wieder errichtet.

Friedrich war eine widersprüchliche Persönlichkeit, längst nicht so einfach zu fassen wie seine mächtigen Gegenspieler Maria Theresia, Zarin Elisabeth oder Ludwig XV.

Legenden über den König gab es schon zu seinen Lebzeiten. Von einigen wusste er – etwa vom angebliche Tête à tête mit der Tänzerin Barberina – und schmunzelte darüber. Die meisten Irrtümer über Friedrich rühren aus dem neunzehnten Jahrhundert und halten sich hartnäckig. Manche werden, obwohl von der Wissenschaft längst korrigiert, in unseren Tagen geradezu genüsslich in Szene gesetzt; man denke an die aufwendige Verfilmung der Trenckschen Lebensgeschichte.

Über Friedrich wurde zu verschiedenen Zeiten verschiedenes geschrieben, je nach politischer Konstellation und Interessenlage der Autoren. Eine systematische und über Generationen gepflegte Friedrichforschung gab es nur in Ansätzen. Nach 1933 war es damit vorbei. Die Folgen des Zweiten Weltkriegs sind für Historiker wie neugierige Laien bis in diese Tage spürbar. Unveröffentlichte Chroniken, Tagebücher, Memoiren und Briefe aus dem achtzehnten Jahrhundert, die weitere Auskunft über Friedrich und seine Zeit hätten geben können, sind damals mit den schlesischen und mecklenburgischen Herrenhäusern verbrannt, lagern jetzt irgendwo in Russland oder den USA oder werden als kostbare Kriegstrophäe gehütet. Aber auch in unseren Archiven lagern unausgewertete Überbleibsel.

In jüngster Zeit sind wichtige wissenschaftliche Forschungsergebnisse zu den Ausstellungen »Prinz Heinrich von Preußen« (2002) und »Friedrich der

Große zwischen Pflicht und Neigung« (2004) erschienen. Die Kataloge sind eine Fundgrube, aber auch nicht frei von Irrtümern. Sei es der eher harmlose, Friedrich habe das Neue Palais 1763 lediglich als »Machtdemonstration« (Vinken) bauen lassen, oder der schon gewichtige, Friedrich sei im Alter ein »Menschenfeind« gewesen.

Ich habe mich jener Irrtümer angenommen, die nach bestehender Quellenlage korrigiert werden können. Zwei Umstände sind mir dabei indirekte Hilfe. Seit meinem zwölften Lebensjahr wurde ich mit Büchern und Handschriften über Friedrich II. vertraut gemacht. Im Sommer verbrachte ich stets eine Ferienwoche in Potsdam beim Freiherrn von E. Sein Vater hatte als Kastellan beim Kaiser Zugang zu allen Potsdamer Schlössern gehabt. Gemeinsam stöberten wir tagsüber, soweit es in den siebziger Jahren möglich war, Friedrichs Spuren in Potsdam nach, abends in der freiherrlichen Bibliothek. Jedes Jahr wurde ich daraus mit einem Titel beschenkt. Im Jahre 2002 kam ein zweiter Glücksfall auf mich; ich entdeckte in einem Antiquariat Teile der Bibliothek des Reichsgrafen Eustach von Goertz, der von 1775 bis 1786 in Friedrichs Diensten stand. Es gibt in den Büchern des Grafen Anmerkungen von seiner Hand, die Politik des Königs betreffend. Wir kommen darauf noch zurück, denn die Goertzschen Anmerkungen zeigen neue Aspekte.

Wenn Historiker in der Charakterisierung Friedrichs nicht weiter wissen, erklären sie ihn gern zum unergründlichen Rätsel. Das genügt mir nicht. Ich suche mir Friedrichs eigenhändige Briefe, seine Kompositionen, seine Randnotizen heraus. Sie verraten etwas über seinen jeweiligen Seelenzustand. Hilfreich ist die Kenntnis seiner Speisekarten, seiner Kleiderbestellungen und der Ärztebulletins über seine Krankheiten. Sie geben jedes für sich ein Stück von seinem Wesen preis. Der Autor verschlingt, was an Quellen aus dem achtzehnten Jahrhundert zu finden ist und was an neuesten Forschungsarbeiten über Friedrich und seine Zeit veröffentlicht wird. Tragen wir die Ergebnisse zusammen und fragen uns: Welches Friedrichbild entsteht aus den Irrtümern und welches, wenn man diese korrigiert?

Friedrich in Sanssouci, nach Menzel.

Königin Sophie Dorothea von Preußen.

Die Eltern Friedrichs II.

Friedrich Wilhelm I., König seit 1713. Er installierte eine effektive Landesverwaltung, sorgte für rentabel arbeitende Manufakturen, holte ausländische Spezialisten ins Land. Bis zu seinem Tod war Friedrich Wilhelm ein unermüdlicher Verwalter und Kontrolleur. Er war sparsam bis zum Exzess und gnadenlos gegen jedemann. Die schönen Künste hatten bei ihm keine Chance. Sein Charakter wird als cholerisch beschrieben. Er war jähzornig und prügelsüchtig. Weder Frau noch Kinder, Soldaten, Affen, Stühle oder was ihn sonst erregte, waren

Selbstbildnis Friedrich Wilhelms I., um 1737.

vor ihm sicher. Er war aber auch ein strenggläubiger Calvinist. Seine Leidenschaften waren das Sammeln »Langer Kerls« – gesunden Zwei-Meter-Männern ließ er in ganz Europa nachstellen – und die Jagd. Aus gravierenden Kriegen hatte dieser König sein Land herausgehalten. Er wusch sich mehrmals am Tag, was für jene Zeit außergewöhnlich war. Mit 35 Jahren wog der König fast drei Zentner. Ruhe fand seine gehetzte Seele im sogenannten Tabakskollegium. Vertraute des Königs saßen dort mit langstieligen Pfeifen. Die Männerrunde schmiedete Pläne, grölte über Zoten, hörte wissenschaftliche Vorträge und besoff sich bis zum Umfallen. Litt der König Schmerzen – Wassersucht und Gicht waren die hohenzollernschen Erbkrankheiten – dann malte er. Über einhundert Gemälde aus seiner Hand sind erhalten. Mit seinem Sohn Friedrich schloss der König erst kurz vor seinem Tod Frieden. Solange war der Prinz »Hundsfott, Sodomist und Kanaille«. Friedrich Wilhelm I. starb 1740 mit 51 Jahren an Fettsucht, Gicht und Wassersucht. Er hinterließ seinem Sohn einen vollen Staatsschatz und eine schlagkräftige Armee. Sein Sarg ruht im Mausoleum Kaiser Friedrichs III. in der Potsdamer Friedenskirche.

Sophie Dorothea, Tochter König Georgs I. von England, war eine leidenschaftliche Spielerin. Sie inszenierte gern Intrigen und liebte opulente Mahle. Zwischendurch gebar sie ihrem Gatten in 34 treuen Ehejahren vierzehn Kinder, von denen zehn das Erwachsenenalter erreichten. Besonders nahe kam sie wohl keinem ihrer Sprösslinge. Ihr einziges Interesse galt der standesgemäßen Vermählung, also mit dem Hause Hannover. Keines ihrer Heiratsprojekte gelang; Kronprinz Friedrich sollte eine englische Prinzessin und Schwester Wilhelmine einen englischen Prinzen heiraten. Sophie Dorothea musizierte gern. Sie hoffte beim Thronwechsel 1740, Einfluss auf die Politik ihres Sohnes nehmen zu können. Friedrich jedoch ließ seine Mutter in Schloss Monbijou, außerhalb der Machtzentralen Berlin und Potsdam. Dort frönte Madame dem Karten- und Glücksspiel, aß bei Gelagen heftig und wurde darüber so dick, dass sie kaum noch gehen konnte. Sie starb 1757 mit 63 Jahren. Ihr Sarg steht im Berliner Dom.

Friedrich II., Stich von Camphausen.

Was man über Friedrich II. wissen sollte

SEIN ÄUSSERES. Friedrich war einen Meter sechzig groß, er wog 1740 etwa siebzig Kilo, 1760 etwa sechzig Kilo und in seinem Todesjahr fünfzig Kilo. Friedrich hatte lange Beine und einen kurzen Oberkörper. Seine Oberschenkel waren dicklich, seine Brust schmal und seine Schultern waren es auch. Er hatte schlanke Hände und lange Finger. Sein Gesichtsschädel war für den kleinen Körper groß. Er hatte einen breiten Mund und eher schmale Lippen. Seine Stimme lag in der mittleren Tonlage, er sprach nuanciert. Die großen blauen Augen waren Erbteil seiner Mutter. Sie litt an einer Schilddrüsenüberfunktion und hatte die kennzeichnenden

Froschaugen. Zum Lesen und Schreiben brauchte Friedrich keine Brille, er war allerdings stark kurzsichtig. Er benutzte monokelähnliche Stielbrillen mit optischer Wirkung von 2 bis 7 dpt. Jenseits der ausgestreckten Hand kann Friedrich nicht viel gesehen haben. Er hatte ein feines Gehör. In den 40er Jahren war sein Gesicht eher schwammig, er hatte ein Doppelkinn. Das bekannte scharfe Profil bildete sich in den fünfziger Jahren heraus. Friedrich hatte dunkelblondes, gewelltes Haar, darüber trug er eine weiß gepuderte, schlichte Perücke. Sein Bartwuchs war mäßig. Nach dem Siebenjährigen Krieg hatte er volles, aber schlohweißes Haar und tiefe Gesichtsfalten. Vom vielen Reiten und Spazieren hatte er ein gebräuntes Gesicht, ließ es bei offiziellen Anlässen jedoch weiß schminken, weil er nicht wie »ein Affe« aussehen wollte. 1760 verlor er einen Schneidezahn, 1779 den zweiten. Friedrich litt im Alter zunehmend an Gicht und Wassersucht. In den letzten Jahren waren ihm Gehen und Reiten eine Qual. Zeitweise war seine rechte Hand von der Gicht lahm, und er musste mit der linken schreiben. Ständige Magenkoliken zogen ihn im Schmerz zusammen, er ging im Alter gekrümmt.

Friedrichs Charakter. »Die Medici eignen dem König ein temperamentum cholericomelancholicum zu, und haben bei derselben an Leib und Gemüth allerlei affectus hypochodraci angetroffen«, urteilte ein Mediziner im Jahre 1744. In Folge seiner Jugenderlebnisse, die in der Hinrichtung seines Freundes Katte 1730 gipfelten, war Friedrich tief verunsichert. Seine Verstörung fand in Eitelkeit und Geltungssucht ihren Ausdruck. Misstrauisch blieb der König ein Leben lang, seine Absichten konnte er gut verstellen. Liebe war ihm suspekt, nach Anerkennung verlangte er bis zum letzten Tag. Auch Friedrich war ein Gehetzter, und jeder, der seine Sphären auf irgendeine Weise kreuzte, wurde von ihm unerbittlich auf Trab gebracht: Familienmitglieder, Baumeister, Generäle, Bauern, Pfarrer, Komponisten, Köche, seine Pagen, Beamte, Dichterkollegen. Auch das hielt bis zu seinem Lebensende an. Die Mischung aus Cholerik und Melancholie steigerte sich in Todessehnsucht, stand Friedrich mit dem Rücken zur Wand. Seit dem Siebenjährigen Krieg führte er eine Glasampulle mit Giftkapseln in seiner Rocktasche.

Wollte man heute eine Satire auf Friedrich drehen, müsste man, wäre er nicht schon gestorben, Louis de Funés für die Rolle engagieren.

Friedrichs Tagesablauf war in den fünfunddreißig Friedensjahren streng geregelt. »In dem Kalender, der auf dem Schreibtisch des Königs lag, waren alle Perioden aufgeschrieben, und wurden in die neuen Kalender wieder eingetragen, auch zugleich darin markiert, wenn etwas verändert oder aufs neue hergerichtet werden mußte«, schrieb 1770 Baron von Diebitsch, der Friedrich im Auftrag des russischen Thronfolgers besuchte. Ein heutiger Manager agiert nicht anders. Friedrich stand im Sommer um vier Uhr, im Winter eine Stunde später auf. Er zog sich selbst an, was allerdings keine allzu große Hürde war, denn er zog sich kaum aus. Er ließ sich rasieren, trank dabei Kaffee oder Schokolade, ließ sich Meldung über das von ihm befehligte Regiment machen, las dann die ersten Korrespondenzen und diktierte dem Sekretär die Antworten im Groben. Über den Tag wurden die Schreiben dann präzise gefasst und am späten Nachmittag vom König unterzeichnet. Es folgten die Rapporte von Beamten, und der König gab Instruktionen. Am späten Vormittag ritt Friedrich aus oder ging in seinem Park eine Stunde spazieren, bei schlechtem Wetter zog es ihn zu seinen Gemälden in die Bildergalerie. Seine englischen Windhunde waren stets bei ihm. Pünktlich um zwölf wurde die Mittagstafel gehalten, und sie konnte bei angenehmer Gesellschaft Stunden dauern. Am Nachmittag inspizierte der König seine Truppe, gab im Kabinett noch einmal Instruktionen aus, las danach in seiner Bibliothek oder schrieb Verse. Abends bereitete sich Friedrich auf das Konzert vor, das gegen acht Uhr mit ihm als Solisten begann. Nach dem Konzert aß man in einer kleinen Gesellschaft oder an der offiziellen Tafel.

Friedrich II. bei der Parade, 1772,
nach Chodowiecki.

Friedrichs Jahreszyklus war ebenso streng geregelt. Im Frühjahr wurden Revuen der Berliner, Potsdamer und märkischen Regimenter abgehalten. Im Sommer wurden die Truppen in Schlesien inspiziert. Im Herbst gab es große Manöver, zu denen stets ausländische Militärs geladen waren. Friedrich bereiste das Land genauso intensiv zu zivilen Inspektionen. Kein Fürst des achtzehnten Jahrhunderts ist so viel und so regelmäßig durchs Land gefahren wie Friedrich; im Jahr zusammengerechnet zwei bis drei Monate.

Als Familienoberhaupt entschied Friedrich mit eiserner Hand über das Schicksal seiner neun Geschwister. Er bestimmte die Prinzenerzieher, vermählte seine Geschwister, erhöhte oder degradierte seine in der Armee dienenden Brüder. Friedrich ordnete seine Entscheidungen der Staatsräson un-

Antoine Pesne, Friedrich Wilhelm mit Frau und Kindern. Bleistiftskizze um 1735.

ter. Ein herkömmliches Familienleben gab es für den König nicht. Seine ungeliebte Frau wurde nach der Thronbesteigung ins Schloss Schönhausen bei Berlin »abgestellt«. Was für Ludwig XV. oder Maria Theresia wichtig war, nämlich sich mit den eigenen Kindern zu beschäftigen, spielte für Friedrich keine Rolle. Er hatte keine eigenen Kinder.

Friedrich regierte absolut. Den Rat seiner Minister zog er nur selten bei. Was der König davon befolgte, war noch etwas anderes. Der französische Gesandte Valon notierte bereits 1740: »Er tut alles selbst, seine Minister sind nur Handlanger von mittelmäßiger Bedeutung.« Friedrichs politisch ambitionierter jüngerer Bruder Heinrich bekam keine Chance, seine Talente als Diplomat und Feldherr

Opernkostüm mit Korrekturen und Bemerkungen des Königs, 1754.

voll zu entfalten. Der Prinz blieb am Gängelband. Friedrich entschied über das Wohl und Wehe des Staates von seinem Schreibtisch aus. Weder August der Starke noch der stets bemühte Sonnenkönig herrschten in derartiger Personalunion. Friedrich beschloss Kriege, stellte die Schlachtpläne auf, kontrollierte die Kerzenzuteilungen für Höflinge, änderte Opernkostüme, schloss und brach Allianzen mit anderen Mächten und, wenn ihm ein Arientempo nicht gefiel, dirigierte er selbst das Orchester.

Friedrich liebte seine Windspiele, Kritiker sagen, mehr als Menschen. Friedrich hatte stets drei bis vier Hunde um sich. Favoriten wie »Alcmene« oder »Biche« konnten in seinem Bett schlafen. Goethe besuchte 1778 das Schloss Sanssouci und war erschrocken über den Zustand der Gemächer; Vorhänge hingen in Fetzen, Sesselbezüge und Wandbespannungen waren zerkratzt und verdreckt.

Der Jagd, bevorzugter Zeitvertreib seiner gekrönten Zeitgenossen, konnte Friedrich nichts abgewinnen. Aber er liebte seine Pferde, ritt viel und schnell. Friedrich hatte Freude an der Geschwindigkeit. Er wäre heutzutage ein begeisterter Porschefahrer. Von seinen sechzig Pferden standen die zehn Lieblingstiere in Sanssouci. Eines von ihnen, der Rotschimmel »Cäsar«, ging ungehindert im Park umher. Den Fliegenschimmel »Condé« fütterte der König aus seinem Zimmer mit Melonen, Feigen und Zucker. Als Kronprinz hatte er prächtig gekleidete Affen und brasilianische Papageien. In jener Zeit legte Friedrich auch großen Wert auf exklusive Kleidung nach neuester Pariser Mode. Allerdings: Sein Budget war schmal, seine Schulden bereits erheblich und Vater Friedrich Wilhelm erbost ob der Verschwendung. Als König konnte Friedrich seiner Lust nach Seide und Stickereien dann uneingeschränkt nachgeben, einen üppigen Kleiderfundus wie andere Herrscher hatte er jedoch nie. Bis zum Siebenjährigen Krieg erschien der König zu Staatsempfängen, beim Karneval über die Weihnachtszeit, bei den großen Bällen Anfang Januar und dem Geburtstag seiner Mutter noch in großer Robe. Für des Königs Leibwäsche hatte seine Mutter zu sorgen, und als sie 1757 starb, vernachlässigte sich Friedrich. Nach dem langen Krieg verlor er die Freude an aufwendiger Kleidung. Er trug bevorzugt den blauen Uniformrock seines Leibregiments mit dem Schwarzen Adlerorden, eine rote Schärpe und Stulpenstiefel. Auf Schmuck verzichtete Friedrich jedoch nicht. Mehrere kostbare Tabatieren waren in seinen Taschen, zwei Brillantringe trug er an der linken Hand und zwei Ringe mit dem Chrysopras, Friedrichs Lieblingsstein, an seiner Rechten.

Friedrich wusch sich sehr flüchtig und behielt seine Leibwäsche wochenlang an. Er trug weder Pantoffeln noch Schlafrock oder eine Nachtmütze. Seine Schwestern und Zarin Katharina von Russland schenkten ihm warme Wintermäntel. Im Alter benutzte der König einen Muff für die Hände. Bei seinem Tode fanden sich in den Wandschränken von Sanssouci fünf Uniformen, fünf Winterröcke, acht Westen, vier Paar Beinkleider, sechs Paar Stiefel, zehn Paar weiße und fünf Paar schwarzseidene Strümpfe, dazu sechzehn Hemden. Die Wäsche war teilweise zerschlissen, geflickt und ausgeblichen.

Bücher aus der Bibliothek des Königs.

Friedrich war süchtig nach intellektuellem Disput. Bereits in der Rheinsberger Kronprinzenzeit pflegte er intensiv seinen Freundeskreis. Die ihm liebsten Freunde Jardun, Keyserlingk und Rothenburg starben bald, vom König tief betrauert. Friedrich umwarb die großen französischen Aufklärer Voltaire, d'Alembert und zeitweise Diderot. Voltaire konnte der König für zweieinhalb Jahre an seinen Hof locken, d'Alembert für einige Wochen. Unter Freunden redete der König viel und schnell. Er wollte vor Geist sprühen und trank auch deshalb schon morgens reichlich Kaffee. Im Alter nahm er zur Anregung Chinin-Pastillen. Jedoch riss Friedrich an seiner Tafel auch derbe Witze und lachte hemmungslos. Wer ihm schlagfertig und überzeugend antwortete, hatte Chancen auf eine Karriere am Hof. Friedrich verfasste nicht nur Geschichtswerke und dichtete Oden, er schrieb auch über zehntausend Briefe an Verwandte, Freunde und Befehlsempfänger. Als Schöngeist liebte er Bücher, die kostbar gebunden waren. In Friedrichs Schlössern Sanssouci, Neues Palais, Potsdamer Stadtschloss und in seiner Residenz in Breslau gab es etwa dreitausend Bände starke Bibliotheken, die weitgehend identisch waren. Über des Königs Dichtung urteilte der Zeitgenosse Richter (1787): »So sehr Voltaire an Friedrichs Versen gefeilt hat, so vermisst man doch das Feuer an ihnen, welches wahre Dichter begeistert. Sein Ausdruck ist matt, gezwungen und meist prosaisch.«

Friedrichs Personengedächtnis war ausgezeichnet. Seine Offiziere kannte er mit Namen, meist auch die Historie ihrer Familien. Der König konnte nachtragend sein. Manchmal kamen Jahre zurückliegende Ereignisse aufs Tapet. Bei Thiebault lesen wir über einen Abend mit dem Oberst Icilius. Der König hatte sich auf den Vertrauten eingeschossen. »Alle Welt weiß, daß Er wie ein Räuberhauptmann in dem Schloß (des Grafen Brühl während des Siebenjährigen Krieges) gehaust hat. Mach Er also keine Umstände und sag frei heraus; was hat er bei der Plünderung verdient?«

Der Oberst hatte die richtige Antwort parat: »Das müssen Eure Majestät doch am Besten wissen, wir haben geteilt.«

Hatte der König schlechte Laune, war Vorsicht angesagt. Sein Stock saß dann locker. Meist reagierte sich der König durch einen Spaziergang oder den Besuch in seiner Bildergalerie ab.

Über Friedrichs Essmanieren schrieb Richter 1787: »Sein Betragen während der Tafel war äußerst unrein. Er bediente sich gar oft der Finger, statt der Gabel. Das Fleisch, das er für seinen Lieblingshund bestimmte, legte er auf das Tischtuch, um es kalt werden zu lassen. Wollte man nach der Tafel wissen, was der König gegessen hatte, so durfte man nur das Tischtuch ansehen.«

Friedrich beschäftigte mehrere Köche, Franzosen, Italiener und Deutsche. Der Küchenzettel musste Friedrich einen Tag vor dem Mahl vorliegen. Nach dem Essen gab es vom König als Zeichen der Anerkennung ein Kreuzchen hinter besonders gelungenen Gerichten. Ob die Köche eine bestimmte Anzahl von Kreuzen in klingende Münze umwandeln konnten, war nicht herauszufinden. Der König aß gern scharfe Soßen. Er traktierte seinen Magen er-

Friedrichs Chefkoch Noël, um 1755.

barmungslos mit Gewürzen, deren Geruch einem schon den Atem verschlug.

Abends trank der König mit Wasser vermischten Bordeaux, Bergerac und Moseler. Wir finden keine Quelle, die besagt, dass Friedrich jemals betrunken war. Wo sich der König aufhielt, standen Obstschalen in den Gemächern. Auf Kirschen war er versessen. Sie wurden während des ganzen Jahres in seinen Treibhäusern gezogen. Melonen und Feigen kamen aus Italien, Weintrauben, Birnen und Äpfel wurden aus der eigenen Zucht geerntet. Friedrich aß gern frischen Weißkäse und erwartete ungeduldig die Lieferungen aus Frankreich.

Friedrichs Vater rauchte leidenschaftlich gern Pfeife. Friedrich tat das nicht, er hatte sich jedoch mit noch größerer Leidenschaft dem Schnupfen von spanischem Tabak verschrieben. Der englische Gesandte Harris warnte seine Zeitgenossen, dem König nicht zu nahe zu treten, weil man sonst aus dem Niesen nicht herauskomme. Friedrich ließ sich über dreihundert äußerst kostbare Tabatieren anfertigen.

Friedrichs Personal bestand bis in die fünfziger Jahre aus acht Leibpagen, die beim Ankleiden halfen, das Essen servierten, die Hunde ausführten, zwölf Hofpagen, die Gäste bedienten, vier Leibjägern, zwölf Hofjägern, zwei bis vier Kammerhusaren zur Wache, acht Kammerlakaien, die heizten und sauber machten, zwölf Heiducken und sechs Läufern. Pagen und Lakaien entstammten zumeist Familien des alten Landadels, es waren Jungen zwischen zwölf und fünfzehn Jahren. Friedrich wählte sie auch nach ihrem Gesicht aus, es musste schön sein. Schaut man sich heute erhaltene Porträts von Friedrichs Pagen an, gleichen sie einander und ähneln dem Barbie-Puppen-Gesicht. Einige von Friedrichs Briefen an seinen Geheimen Kammerherrn Fredersdorff – auch er fing als Page beim Kronprinz an, auch er hatte ein »süßliches« Gesicht – blieben erhalten. In ihnen schreibt Friedrich öfter über seinen vierzehnjährigen Leibpagen Carel (Carl-Friedrich von Pirch, geboren 1739). Am 31. März 1754 hieß es: »Carel hat heute einen jungen Hasen gebracht. er saget, ma hette ihm ins Nest gefunden.« Einen Monat später schrieb der König: »Carel hat vor Kitzeln gequipt und nach dießer schönen harmoni hat Matschenko Seinen bären-Dantz verrichtet.« Es war nun warm, der König bewohnte seine Sommerresidenz Sanssouci. Von dort schrieb er im Juni 1754 an Fredersdorff: »Carel hat sich Nase durchgekratzet, ich muß im die forderpoten auf den Rücken binden lassen.« Im August 1754 berichtete der König folgendes über den Pagen: »Carel ist sehr unartig gewesen. er thut nicht guht, wann er viehl hat.

Spielkarten aus dem Besitz des Königs, um 1780.

Handschrift Friedrichs II.
Eine seiner Flötenkompositionen.

4 Tahler Monatlich von Seinem tractement sollen abgezogen und an seinen Vahter geschiket werden. Und Seinen Kahn sol er nicht wieder haben, bis er Vernünftig wirdt.« Im Herbst 1754 war der König mit Carels Verhalten offensichtlich wieder zufrieden, im Brief an Fredersdorff lesen wir: »Carel werde ich auf Seinen Gebuhrtstag einen jungen Hasen und einen Huzarenpels schenken.«

Dispute führen, Dichten und Musizieren waren für den König gleich wichtig. Er schöpfte daraus die Kraft für das Tagesgeschäft. Friedrich hat Sinfonien, Opernarien und über einhundert Flötensonaten komponiert. Seine Lieblingstonart war D-Dur.

Die Kapelle des Königs hatte einen legendären Ruf. Philipp Emanuel Bach, die Gebrüder Benda und Graun prägten die erste Berliner Schule. Friedrich bevorzugte neben Werken seiner Komponisten noch die Opern von Hasse. Französische Zeitgenossen wie Rameau, den Reformer Gluck oder Haydn mochte er nicht.

DIE IRRTÜMER ÜBER FRIEDRICH II.

Englische Karikatur von 1742:
Friedrich II. zwingt Maria Theresia zum Strip.

Bierdeckel mit Friedrich von 1880.

1. *Friedrich sei gelernter Bierbrauer*

Wir widmen uns den Irrtümern in chronologischer Reihenfolge, und dieser erste trifft Friedrich als Kronprinzen. Er ist gleichermaßen harmlos wie kurios. Nicht der gelegentlich gefürchteten Historikerzunft gelten diese Zeilen, sondern den – man staune – Bierbrauern. Die allerdings können auf den Alltag wesentlich mehr Einfluss haben als gelegentlich gefürchtete Historiker.

Unlängst traf ich bei einem Kindergeburtstag mit einem Bierbrauer zusammen. Während sich unsere Kinder an Schlagzeug, Klavier und Kaufmannsladen vergnügten, war der geschichtsinteressierte Herr über viele Brauereien schnell bei Friedrich II., seinem Kollegen Bierbrauer.

Was ich zum ersten Mal hörte.

Karl: »Jo mei, bist halt ka Biertrinker.«
»Kaum«, sagte ich.
Karl: »Is ja ka Wunder. Ihr Norddeutschen lassts euch imma das beste entgehen.«
Ich: »Von Friedrich ist bekannt, dass er als König kein Bier getrunken hat.«
Karl: »Aba er is a Brauer. Gelernter Bierbrauer.«
Ich: »Wann soll er denn das Bierbrauen gelernt haben?«
Karl: »Nach dem Knatsch mit seinem Vater.«

Mein Gastgeber griff ins Bücherregal. Drei Lexika zum Thema und mehrere Zeitschriften – »Brauwelt« und »Deutscher Braumeister« – waren schnell zur Hand. Karl blätterte im Lexikon »Bier« von Roth und Rudolf (1987), und dort steht unter Friedrich II.: »Brauer und Bierpropagandist«. Wir schauten ins Internet, Google hatte dazu etliche Einträge. So spricht Professor Piendl vom Institut für Brauereitechnologie an der Universität München von Friedrich II. als »gelerntem Bierbrauer«.

Dem hatte ich nichts gegenzusetzen. Wieder zu Hause, recherchierte ich, und die Vereinnahmung Friedrichs als Brauer durch die Brauer fand eine simple Erklärung.

Kronprinz Friedrichs Konflikt mit seinem schwierigen Vater gipfelte 1730 im dilettantischen Fluchtversuch. Die Rache des Königs war alttestamentarisch; Friedrichs Vertrauter Leutnant Katte wurde vor dem Gefängnis des Prinzen geköpft. Friedrich musste sich nun einem strengen Regime unterwerfen. Schluss mit Flöte spielen, den Seidenkleidern, den französischen Versen und den jungen Burschen. Dem König war der verweichlichte Kronprinz suspekt, er selbst beorderte Erzieher und Wächter und legte den künftigen Ausbildungsplan fest. Friedrich hatte sich in der Küstriner Kreisverwaltung mit Verwaltungsvorschriften, Kostenanschlägen und Steuererträgen zu befassen. Sein strenger wie wohlwollender Lehrer stellte dem Prinzen ein gutes Zeugnis aus. Daraufhin erließ König Friedrich Wilhelm am 31. August 1731 folgende Instruktion an Wolden: »Nachdem er die Theorie der Wirtschaft kennengelernt hat, soll er sie nun praktisch durchmachen. Jederzeit soll einer von der Kammer ihn begleiten, um ihn in die Wirtschaft einzuführen, wie gepflügt wird, gemistet und gesät wird; dabei soll er ihm zugleich den Unterschied von guter und schlechter Bewirtschaftung zeigen, auch mit der Viehzucht und dem Brauereiwesen soll er ihn bekannt machen, und zwar in allen Einzelheiten von der Zubereitung des Malzes bis zum Fassen des Bieres.« Soweit der leidenschaftliche Biertrinker Friedrich Wilhelm I.

Der Kronprinz hatte also ein Praktikum, alle Bereiche der Landwirtschaft betreffend, zu absolvieren. Allerdings gab es keine Lehrmeister, keine Prüfungen und keinen Gesellenbrief. Das Praktikum dauerte sechs Monate, bis zum 26. Februar 1732, und war alles andere als streng. Der Kronprinz schrieb darüber der Jugendfreundin Luise von Wreech am 20. September 1731: »Die Sache verhält sich so, wie ich die Ehre habe, Ihnen auseinanderzusetzen. Erstens soll eine Herde Schweine vor mir hergehen und dabei aus Leibeskräften nach Schweineart quiecken. Dann kommt eine Herde Hammel und Schafe ebenfalls unter Führung eines meiner Diener. Für mich selbst ist folgender Aufzug in Aussicht genommen; ich sitze auf einem großen, möglichst einfach aufgezäumten Esel. Statt der Pistolen habe ich zwei Säcke mit verschiedenen Sämerein an der Seite hängen…« usf.

Für Friedrich war das Praktikum eine Gaudi. Er lernte mit seinen Dienern, Scheiben von Küstriner Bürgern einzuschmeißen, einer Kraftprobe folgte die nächste. Von einer Bierbrauerlehre kein Wort. Dazu brauchte man im alten Preußen ein Jahr, dann folgte eine fünfjährige Walz. Nach der Gesellenzeit konnte der junge Bierbrauer in einem Zunftbetrieb mitarbeiten und dann selbst Meister werden. Viele preußische Bauern hatten aber auch Braurechte, ohne Brauer gelernt zu haben. Überdies wurde schwarz Bier gebraut und Schnaps gebrannt. Die biochemischen Vorgänge waren damals nur den wenigsten vertraut. Jeder Gärvorgang war mehr oder weniger Glück. Sauerbier, also ungenießbares Bier, war damals gang und gäbe, die Bierbrauer somit oft verschrieene Leute. Klosterbrauereien hüteten aus verständlichen Gründen ihre Rezepturen. Bis ins neunzehnte Jahrhundert änderte sich das wenig. Eine Imageaufbesserung des geschundenen Berufsstandes tat also dringend not und Friedrich II., ohnehin Nationalikone, wurde posthum zum »gelernten Bierbrauer«. Paradoxerweise ist Friedrich II. bis heute im süddeutschen Raum eine Art Schutzpatron der Brauer. Millionen Bierdeckel zeigen den Humpen hebenden König, alte Firmenschilder aus Emaille werden liebevoll gepflegt, weil der König darauf gerade ansetzt, und in Zeiten der Krise werden Mut und Ausdauer des »gelernten Bierbrauers« den wankenden Zeitgenossen als hehres Beispiel vorgehalten.

Wovon man im Norden des Landes wenig mitbekommt, und wenn man nicht öfter in Kneipen verkehrt, gleich gar nichts.

Ich habe Herrn Piendl nach dem »gelernten Bierbrauer« befragt und ihm meine Ergebnisse dazu mitgeteilt. Er war davon ähnlich überrascht wie ich beim Kindergeburtstag.

»Aber kennengelernt haben wird er das Bierbrauen schon«, sagte er und erinnerte sich eines Kollegen, der über Hopfengärten in Sanssouci geschrieben hatte. Schlussfolgerung: Wenn Friedrich in seinem Park Hopfengärten betrieb, hatte er auch mit Bier zu tun. Sei es, um es zu trinken, oder weil es vielleicht doch sein »Beruf« war.

Zum Glück ist die Beschreibung der »Zier- und Nutzgärten in Sanssouci von 1744 bis 1801« publiziert. Gartendirektor Schulze beschrieb darin exakt, was wann wo angepflanzt wurde. Als Friedrich seinen Zier- und Nutzgarten anlegen ließ, gab es in den verschiedenen Arealen hölzerne Bohnenhäuser, Talutmauern, Treibhäuser mit Kanal- und Ofenheizung, die Pfirsich-, Erbsen- und Melonentreiberei, ein Feigenhaus mit sechzehn Ober- und sechzehn Unterfenstern, natürlich Kirschquartiere und Treibmauern für Wein, sogar die Mistbeetkästen wurden aufgeführt. Von Hopfenplantagen oder einer Brauerei ist keine Rede, und im Angestelltenverzeichnis gibt es auch keinen Brauer im Park von Sanssouci.

Bei Schulze taucht jedoch der Name Hopfengarten und Hopfenkrug auf. Allerdings nicht, weil der König dort selbst Bier braute, sondern weil der drei Hektar große Hopfengarten des Potsdamer Hopfengärtners Schleihahn an den Park von Sanssouci

Bauern bei der Obsternte.

stieß. Schleihahn hatte auch Schankrecht, und sein »... Hopfenkrug wurde zu einem beliebten Vergnügungsort für den kleinen Bürger«, wie der Histograph Schneider 1875 schrieb. Heute sind dort, in der Nähe des Neuen Palais, eine Kleingartenanlage und eine Kneipe, die allerdings ohne Braurechte.

Später sagte Karl zu mir: »Meinetwegen kannst Recht haben, der Fritze is ka Bierbrauer, aber erwart nicht von mir, dass i doamit hausieren geh. Alles, nur dos nich.«

Barbarina, Stich von Bergmann um 1745.

2. *Friedrich habe mit der Tänzerin Barbarina eine Liebesaffäre gehabt*

Friedrich hatte 1743 in Berlin das seinerzeit modernste Opernhaus Europas eingeweiht. Fortan galt die Lindenoper als Treffpunkt des aufgeklärten Adels und des Bürgertums. Opern, Maskenbälle und Konzerte wurden dort regelmäßig gegeben. Am Basar von Klatsch und Eitelkeiten, dem gelehrigen Disput konnte jeder bei freiem Eintritt teilnehmen, der ordentlich gekleidet war. Aushängeschild einer Oper waren und sind erstklassige Solisten. Tanzeinlagen waren im achtzehnten Jahrhundert fester Bestandteil der Oper. Friedrich hatte bereits bekannte Kastraten engagiert, es fehlte noch eine tanzende Berühmtheit. Friedrich wollte die Barbarina in seinem Opernhaus sehen. Sie hatte in London und Paris längst für Aufsehen gesorgt, sie war vielleicht die beste Tänzerin ihrer Zeit. Als 23-Jährige debütierte sie im Mai 1744 in Berlin. Sie war eine schöne Frau und stand auf dem Höhepunkt ihres Könnens. Barbarina hatte ein lebhaftes Temperament, sie konnte charmant sein, ihr gefälliges Gesicht, der sinnliche Mund und die langen, schlanken Beine sorgten für Verehrer in Dutzenden. Friedrich war nicht nur von ihrem Äußeren angetan. Barbarina sprach französisch, war schlagfertig, spottsüchtig und geschäftstüchtig. Friedrich gab ihr ein Haus in der Berliner Behrensstraße. Dort pflegte die Tänzerin ihren Salon. Einer ihrer Anbeter, der Bankier Ephraim Potsdamer, schenkte Barbarina ein sündhaft teures Collier. Die Tänzerin nickte ihm lediglich wohlwollend zu. Dem König erging es anders. Regelmäßig besuchte Friedrich mit seinen Vertrauten Chasot, Graf Rothenburg und Graf Algarotti die Tänzerin. Man würdigte ihren letzten Auftritt und tratschte über die Gesellschaft.

Gelegentlich ließ der König sie nach der Vorstellung noch im Theater zu sich rufen. Sie tranken in einem Chambré-Separee Tee. Spätestens seit der Zeit war in Berlin vom Königsliebchen die Rede. Was der König wusste, und was ihn nicht störte. Er kokettierte sogar mit den Gerüchten. Ernsthaft geglaubt hat es niemand. Friedrich ließ Barbarina auch an seine Tafel in Schloss Charlottenburg und nach Potsdam kommen. Der Hof akzeptierte sie. In den königlichen Schlössern hängen noch heute die von Pesne gemalten Porträts; mal als Diana, mal als Psyche, Venus, Nymphe oder Pomona. Ausländische Gesandte registrierten jeden Schritt der vermeintlichen Favoritin. Durch Bekanntschaft mit ihr hoffte man, mehr über des Königs politische Absichten in Erfahrung bringen zu können.

Und die Tänzerin genoss. Sie verdiente mehr als ein preußischer Minister. Ständig wurde ihr Gehalt erhöht, am Ende waren es über achttausend Taler jährlich. Zum Vergleich: Für seine Verpflichtungen am Hofe erhielt Philipp Emanuel Bach dreihundert Taler jährlich. Friedrich verlängerte Barbarinas Vertrag 1748 nicht, ihre Karriere war damit zu Ende. Der Grund dafür war schon damals bekannt. Es waren keine königlichen Eifersuchtsanfälle, auch keine heftigen Leidenschaften gegenüber der Tänzerin oder umgekehrt, sondern ganz banale Schulden.

Barbarina lebte seit Jahren über ihre Verhältnisse, und die Gläubiger saßen dem König als ihrem Dienstherren im Nacken. Friedrich hatte keine Lust, ihre Schulden zu zahlen und ließ Barbarina pfänden. Die Tänzerin heiratete einen ihrer heftigsten Verehrer, den Sohn des Justizministers Cocceji. Womit Friedrich gar nicht einverstanden war, verstieß diese Heirat doch gegen die Standeskonventionen. Friedrich versetzte den Baron in die schlesische Provinz. Dort starb Barbarina als Gräfin Campanini (1789 von Friedrich Wilhelm II. geadelt) im Jahre 1799.

Was ist nun dran an der Liaison zwischen Friedrich und der Tänzerin?

Die Anekdoten dazu geistern bis heute herum und werden je nach Bedarf eingesetzt. Wenn Friedrich von seiner Gemahlin schon nichts wissen wollte, keine Mätresse hatte und Frauen nur selten in Sanssouci duldete, dann machte sich die Geschichte mit der Barbarina recht gut. Der Biograph von Elisabeth Christine, der Frau Friedrichs, spricht von einer »Neun-Tage-Affaire« zwischen König und Tänzerin (Noack, 2001). Quellen für die Behauptung nennt der Autor nicht. Überhaupt gibt es in der damaligen Literatur, welche das Leben am Berliner und Potsdamer Hof reflektierte, erstaunlich wenig Widerhall auf Barbarinas Auftritte. Eine Königsaffäre gar wäre mit Sicherheit in Briefen, Tagebüchern oder den Gesandtenkorrespondenzen thematisiert worden. Man hätte in Wien, London und Paris davon gesprochen und darüber geschrieben, wie man dort über jede Affäre sprach, denn im achtzehnten Jahrhundert wurde alles einander mitgeteilt. Der österreichische Friedrich-Kritiker Joseph Richter hätte sich so einen Leckerbissen nicht entgehen lassen. Es gab aber nichts zum Thema Barbarina zu berichten außer: »Bildeten sich geschickte Männer in den preußischen Staaten, so mußten sie ihr Glück bei auswärtigen Fürsten suchen. Friedrich unterstützte sie nicht, die Barbarina kostete ihm zu viel – die verdammten Waden.« (1787)

Fassen wir zusammen: Friedrich betrachtete gern Barbarinas Körper, freute sich an ihrem Witz. Als Barbarina trotz wiederholter Warnungen Friedrichs Schulden anhäufte, wollte der König nichts mehr von ihr wissen. Das ist alles und zugegebenerweise entschieden zu wenig Stoff für einen Liebesroman oder eine Filmromanze. Und dennoch gibt es sie. Solche Art Geschichten sind nicht tot zu kriegen, egal wie die Protagonisten heißen. Das gilt noch viel mehr für den folgenden Irrtum, der so beliebt ist, dass ihn die Steuerzahler der Gegenwart über ihre Fernsehgebühren gleich mitfinanzieren.

Trenck im Kerker, Stich von Philippin.

3. *Friedrich habe von der Trenck in Ketten gelegt, weil der Prinzessin Anna Amalia verführt hatte*

Historische Memoirenliteratur erfreut sich zu allen Zeiten großer Beliebtheit. Die Leser dürstet nach Abenteuern, fremden Welten und Erlebnissen, die ihnen selbst in der Regel nicht widerfahren. Auf vielen Seiten wird um Ruhm und Ehre gefochten, was die nötige gesellschaftliche Reputation einbringt, und auf irgendeine Weise auch zu klingender Münze wird, sei es als erfolgreicher Autor oder als anerkannter Militär. Und dann wird natürlich auch um die Dame des Herzens gekämpft, was die Eifersucht Dritter hervorruft, die Klingen werden gezückt, am Ende liegt der Held im Grab oder im Kerker, von wo er flieht, um Vergeltung zu üben. Die Ingredienzen für derartige Stoffe sind seit Jahrhunderten unverändert, von den antiken Heldensagen über das Nibelungenlied bis zu Casanova und des »Freyherrn von der Trenck merkwürdige Lebensgeschichte«. Ein Bestseller, 1788 zuerst erschienen, bis heute erfolgreich aufgelegt, millionenfach verkauft und so richtig für Kino und Fernsehen geeignet. 2003 nahm sich das ZDF in einer Co-Produktion der Trenckschen Lebenserinnerungen an. Der Sender warb folgendermaßen für den Film mit dem bezeichnenden Titel »Trenck – zwei Herzen gegen die Krone« so: »Im Mittelpunkt dieses großen historischen Zweiteilers steht die aufregende Liebesgeschichte zwischen Friedrich Freiherr von der Trenck und Amelie, der Lieblingsschwester von König Friedrich II. Der Freiherr hätte Karriere am preußischen Hof machen können, doch der Herrscher missbilligt die Liaison und Trenck landet im Kerker. Die Neuverfilmung dieses Stoffes ist eine reizvolle Mischung aus Abenteuer und Liebe. Moderne filmische Effekte machen eine aufwendige, authentische Inszenierung auf höchstem Niveau möglich.«

Mit der Authentizität ist das so eine Sache. Der Film beruft sich auf Trencks Memoiren, zu denen gleich etwas zu sagen sein wird. Unabhängig davon unterlaufen dem Regisseur jedoch Fehler, die nicht hätten sein müssen. So wird der ständig präsente König Friedrich in keinem seiner Schlösser gezeigt, sondern im Ambiente böhmischen Barocks. Sanssouci weder von innen noch von außen, kein Charlottenburg, wo die großen Feste stattfanden, auf welche sich Trenck bezieht, kein Meter seines Parks. Keine Szene spielt am authentischen Ort. Aber seien wir nicht kleinlich. Und wer weiß schon, wie preußische Uniformen korrekt aussahen und dass der König zu jener Zeit in großer Robe und nicht im Soldatenrock feierte. Schwamm drüber. Wollen wir auch noch übersehen, dass in den liebevoll arrangierten Schlachtszenen die Preußen reihenweise getroffen umfallen wie Puppen? Wäre auch nur eine Schlacht so geführt worden, hätte es keinen Überlebenden gegeben, nicht einmal den heldenhaft kämpfenden Trenck. Das Medienecho auf den Film war beachtlich. Zehn Millionen Zuschauer sollen die sieben Millionen Euro teure Gemeinschaftsproduktion von ZDF, ORF und ARTE gesehen haben. Es ist hier also an der Zeit zu fragen, was es mit diesem Freiherrn von der Trenck auf sich hat, der Friedrichs Schwester Amalia verführt haben soll, wofür ihn der König in Ketten legen ließ.

Die Trencks waren in Franken beheimatet. Im Mittelalter zog es einige Familienmitglieder als Kolonisten nach Preußen, und sie kamen in den Besitz etlicher Güter. Trencks Vater war Oberleutnant in preußischem Dienst, und als er starb, war Friedrich von der Trenck (1727 geboren) zwei Jahre alt. Die Mutter heiratete erneut, den Stiefvater behielt der junge Trenck nicht in bester Erinnerung. Über seine Kindheit und Jugend in Ostpreußen schrieb er in seiner Lebensgeschichte den Satz: »Das gewöhnliche Jugend- und Kinderglück habe ich nie genossen.«

Trenck war als Raufbold bekannt. Ungebändigt, aufbrausend suchte er überall anzuecken. Er musste arrestiert werden. Schule und Studium in Königsberg waren ihm ein Greuel. Der Familienrat entschied, den Draufgänger beim Militär disziplinieren zu lassen. In Trencks Memoiren heißt es: »Im November 1742 schickte der König seinen Generaladjutanten, den Baron von Lottum, in Geschäften nach Königsberg. Er war ein Verwandter meiner Mutter. Ich aß mit ihm zu Mittag bei meinem Großvater. Er ließ sich mit mir auf eine Unterredung ein, prüfte mich in verschiedenen Fragen. Endlich brachte er scherzend vor, ob ich nicht mit ihm nach Berlin reisen und für das Vaterland den Degen, wie alle meine Vorfahren, führen wolle?«

Trenck sagte zu. Aber schon bei der Jahresangabe 1742 nimmt der Irrtum, oder, um es korrekter zu sagen, nimmt die Manipulation ihren Lauf. Trenck schrieb seinen Bericht am Lebensende, als sein angeblicher Gegenspieler König Friedrich und seine heißgeliebte Anna Amalia bereits gestorben waren. Man könnte meinen, dass Trenck ob der großen zeitlichen Distanz vom Erleben zum Aufschreiben Irrtümer unterlaufen sind. Wenn wir jedoch die Fakten mit Trencks Angaben vergleichen, fällt auf, dass Trenck ganz bewusst und gezielt gefälscht hat und das aus gutem Grund, wie wir sehen werden.

Folgen wir Trencks Beschreibungen und erlauben uns die nötigen Korrekturen, die seit langem bekannt sind, (Volz, 1926).

Trenck reiste nach seinen Angaben im November

1742 nach Potsdam und will bereits einen Tag nach seiner Ankunft dem König vorgestellt worden sein: »Gnädig und liebreich wurde ich empfangen. Einige richtige Antworten auf Friedrichs erleuchtende Fragen, und mein vorzüglicher Wuchs, mein ganz freies, unerschrockenes Wesen gefiel ihm, und sogleich erhielt ich die Uniform der Garde du Corps als Kadett. Nun war ich kaum drei Wochen Kadett, (nach Trencks Rechnung wäre das im Dezember 1742) als mich der König nach der Kirchenparade auf die Seite rief und mich wohl eine halbe Stunde lang in allen Fächern examinierte. Er befahl mir, am folgenden Tag zu ihm zu kommen. Er stellte mein ihm als so wunderbar gerühmtes Gedächtnis auf die Probe. Er legte mir 50 Soldatennamen vor, und innerhalb von fünf Minuten waren sie memoriert… Auf der Stelle ernannte er mich zum Kornett der Garde du Corps.« Diese Ernennung in den untersten Offiziersrang musste nach Trencks Konstruktion noch 1742 erfolgen, da sonst seine Geschichte nicht so stattfinden konnte, wie von ihm behauptet.

An nötigen Korrekturen zu Trencks Schilderungen ist folgendes anzubringen: Trenck wurde laut Offiziersabgangsbuch erst am 1. Juli 1744 als Kadett in das Militär aufgenommen. Weder war er vorher in Potsdam, noch hatte er den König gesehen. Was aber noch viel entscheidender ist: Trenck wurde erst am 2. August 1744 zum Kornett befördert. Welche Rolle das spielt? Wir werden sehen.

Im Juli 1744 heiratete Friedrichs Schwester Ulrike den schwedischen Thronfolger in Berlin. Eine Ehrengarde wurde aufgestellt, worin auch Kornett Trenck seinen Dienst getan haben will. Wir lesen:

»Ich hatte als Offizier der Garde dabei die Ehrenwache. Bei diesem Beilager, wo das Gedränge im Saal zum Erstaunen war, und ich die Inspektion hatte, wurde mir selbst, als wachhabender Offizier, der hintere Teil der rotsamtenen Überweste mit den reichen Stickereien von einem Spitzbuben weggeschnitten, und zugleich die Uhr gestohlen. Dieses verursachte ein scherzhaftes Gespött mit dem gestutzten wachhabenden Offizier, und eine große Dame sagte mir bei vorteilhafter Gelegenheit: Sie würde mich über meinen Verlust beruhigen«.

Wir sehen Regisseur und Dramaturgen mit feuchten Händen und großen Augen vor uns, die beschriebenen Szenen laden geradezu ein, aber es muss jetzt in Trencks Schilderung das Entscheidende folgen, die Annäherung, erste flüchtige Berührungen mit der »großen Dame«, die Dramaturgie schreit förmlich danach. Trenck hat das auch empfunden, so steht in seinen Erinnerungen: »Sie würde mich über meinen Verlust beruhigen. Der Ausdruck war von einem Blick begleitet, den ich gern verstand und innerhalb von wenigen Tagen war ich der glücklichste Mann in Berlin. Es war unsere beiderseitige erste Liebe.«

Endlich ist es raus, und der letzte Satz übersteigt noch bei weitem unsere Vermutungen: Beide liebten das erste Mal. Was im Cocktail noch fehlt, ist der Kontrahent, jemand, der die geraubte Ehre der Prinzessin rächt, wenn diese schon nicht wieder herzustellen war. Einen prinzlichen Verehrer hatte Amalia nicht, also war König Friedrich für sie verantwortlich. Womit seine Rolle als rachsüchtiger König festgeschrieben ist, denn dass ein Siebzehnjähriger eine intime Beziehung mit der Schwester des Königs hatte, musste allerschlimmste Konsequenzen für beide nach sich ziehen.

Bevor wir uns der weiteren Geschichte widmen, seien die Korrekturen angebracht. Trenck war zum Zeitpunkt der fürstlichen Hochzeit Kadett, nicht Kornett. Als Kadett ist niemand jemals »wachhabender Offizier« und schon gar nicht bei so einem Anlass gewesen. Im Offiziersdienstbuch vom Hochzeitstag, dem 17. Juli 1744, ist dementsprechend auch kein Trenck verzeichnet. Der Kadett Trenck exerzierte wie seine Kadettenkameraden an jenem Tag in der Kaserne. Die Liebesnächte mit der großen Dame waren pubertäre Hirngespinste. Die Hochzeitsfeierlichkeiten endeten am 26. Juli, das Paar reiste über Stettin nach Schweden. Trenck wurde nur deshalb schon am 2. August zum Kornett befördert, weil der Zweite Schlesische Krieg ausbrach. Üblicherweise dauerte es bis zur Beförderung sehr viel länger, weshalb Trenck seine Ankunft in Potsdam um zwei Jahre vorverlegte. Bevor er jedoch im Kriege seine Sporen verdiente, soll der König Trenck mit Voltaire, La Mettrie, Maupertuis und anderen Geistesgrößen der königlichen Tafelrunde bekannt gemacht haben. Wir lesen: »Nun war ich also in Berlin auf allen Seiten glücklich. Der Monarch empfahl mich selbst seiner gelehrten Gesellschaft. Voltaire, Maupertuis, Jordan, La Mettrie, Pöllnitz wurden meine Freunde.« Was auch nicht so recht stimmen kann, denn Voltaire wie La Mettrie lebten zu jener Zeit in Frankreich, der Akademiepräsident Maupertuis war auch nicht in Preußen und der feinsinnige Jordan mochte alles, nur keine halbwüchsigen Soldaten.

Was stimmt denn überhaupt an Trencks Memoi-

Prinzessin Amalia und Trenck, Stich um 1790.

ren? Kannten sich Amalia und Trenck am Ende gar nicht? Doch, aber nicht vor dem Oktober 1757. Denn zu jener Zeit weilte der preußische Hof, und damit auch Anna Amalia, vorübergehend auf der Festung Magdeburg. Dort lag Trenck in Ketten und schrieb Bittbriefe. Doch dazu später.

Folgen wir noch Trencks Heldentaten bis zu seiner Verhaftung. Im Krieg will er schnell durch seine Kühnheit die erneute Aufmerksamkeit des Königs auf sich gelenkt haben, Trenck will Gefangene gemacht und sie selbst dem König übergeben haben. In der Schlacht bei Soor sei er gar des Königs Adjutant gewesen. Wir lesen: »Wenn ich nicht irre, so war der 14. September der Tag, an welchem die merkwürdige Bataille bei Soor stattfand. Der König hatte so viele Korps nach Sachsen, auch hin und wieder nach Schlesien und Böhmen beordert, dass wirklich nicht mehr als 26 000 bei seiner Hauptarmee blieben. Prinz Karl (österr. Feldherr), welcher trotz aller Erfahrung dennoch allezeit seinen Feind nur materiell nach der Zahl abwog und den Kern der preußischen Macht nicht kannte, hatte den kleinen Haufen der pommerschen und brandenburgischen Regimenter mit einer Macht von 86 000 Mann eingeschlossen. Er wollte dieses Häuflein überfallen und uns alle Gefangen nehmen… Gegen Mitternacht kam der König persönlich in mein Zelt und weckte so alle Offiziere aus dem Schlafe; er befahl sogleich in aller Stille zu satteln, alle Bagage zurück zu lassen und sich beim ersten Wink zur Bataille zu richten. In dessen blieben alle Pferde an ihren Plätzen und die Mannschaft, fertig zum Aufsitzen, in ihren Zelten. Ich und Leutnant Pannewitz mußten mit dem König reiten. Der Monarch selbst beobachtete seine Befehle durch die ganze Armee, und so erwartete man den Ausbruch mit Sehnsucht… Kaum brach der Tag an, so begann auch schon das Artilleriefeuer.«

Es folgt jetzt eine lange Schlachtschilderung, die unserem Filmteam wieder das Wasser im Munde zusammenlaufen lässt. Trencks Schilderung der

Schlacht bei Soor, die im Übrigen am 30. September 1745 geschlagen wurde, hat nur einen Schönheitsfehler: Sie fand ohne ihn statt. Er wurde weder vom König geweckt, noch tat er Adjutantendienst, denn Trenck saß seit Monaten als Gefangener in der Glatzer Festung.

Aha, hören wir nun die Freunde der Liebesgeschichte sagen, hatte der König die Affäre mit Anna Amalia spitz gekriegt und den armen Trenck eingekerkert?

Nein, der Held Trenck hatte das Dümmste getan, was ein preußischer Offizier im Krieg tun konnte. Er schrieb sich munter mit dem österreichischen Feind. Nicht irgendjemand war der Adressat seiner Briefe, sondern sein Vetter, Pandurenoberst von der Trenck, den Preußen bestens als gnadenloser Plünderer und Metzler bekannt. Des Kornetts Briefe wurden abgefangen, der Hochverratsverdacht stand im Raum. Friedrich reagierte prompt: »An den Generalmajor von Fouque in Glatz, Lager bei Diretz, 28. Juni 1745: Den hiermit an Euch geschickten Cornet von der Garde du Corps v. Trenck sollet Ihr zum Festungs-Arrest annehmen, ihn auf die Festung setzen und wohl verwahret halten, daß er durchaus mit Niemanden correspondieren könne. Friedrich«

Handschriftlich schrieb der König darunter: »Verwahret sehr streng diesen Schelm; er hat bei seinem Onkel Pandur werden wollen.«

Eigentlich ist alles Entscheidende gesagt. Trenck hatte nicht Anna Amalia verführt, der König hatte ihn also auch nicht deshalb festgesetzt, sondern weil Trenck, immerhin Gardeoffizier, desertieren wollte. Weil die Geschichte in Trencks Erinnerungen aber so recht nach dem Publikumsgeschmack ist, verfolgen wir sie zumindest soweit, wie Anna Amalia tatsächlich Kenntnis von dem armen Teufel bekam. Es sei gleich gesagt: Auch daraus wurde keine Liebesaffäre.

Nach des Königs Befehl vom 28. Juni 1745 taucht der Name Trenck in den Akten am 20. Juni 1746 das zweite Mal auf. Der Festungskommandant teilte dem König mit, Trenck habe fliehen wollen. Die Sicherheitsvorkehrungen wurden verschärft, dennoch gelang ihm am 26. November 1746 die Flucht. Trenck ging nach Wien und machte wahr, was er in den abgefangenen Briefen angekündigt hatte, er trat in das österreichische Militär ein. Trenck war also nicht nur Deserteur sondern auch ein Verräter. Dieses Verhalten eines seiner Gardeoffiziere erboste König Friedrich außerordentlich. Das kriegsgerichtliche Urteil über Trenck vom 12. April 1747 war dann auch vernichtend. Er ging aller Ehren verlustig, das Vermögen wurde konfisziert, der Deserteur in Abwesenheit durch sein Bildnis an den Galgen gebracht. Und wie reagierte Trenck? Unbefangen, naiv und selbstgerecht. Er reiste als österreichischer Offizier durch Ungarn, besuchte Moskau, Stockholm und hielt sich im Mai 1754 in Danzig auf. Familienrat wurde dort gehalten. Trenck logierte mit Diener in einem Gasthof, besuchte täglich den österreichischen Gesandten, wo auch der preußische in aller Freundschaft verkehrte. Trenck gab sich dort als unantastbarer Herr. Preußens Resident Reimer machte gute Miene in der Gesellschaft und schrieb sofort dem König. Friedrich stellte am 2. Juli 1754 an den Magistrat der Stadt Danzig den Antrag, Trenck unverzüglich festzusetzen und an Preußen auszuliefern. Wogegen Österreich heftig protestierte, allein

Preußen lag näher an Danzig als Österreich, und der Magistrat lieferte Trenck aus. Am 25. Juli 1754 kam er auf die Festung Magdeburg und konnte von nun an tatsächlich königlicher Aufmerksamkeit sicher sein. So isoliert und streng bewacht er auch war, der Kommandant musste dem König melden, dass Trenck verbotene Korrespondenz unterhielt, über Geld verfügte und die Posten zu bestechen versuchte. Der Fluchtversuch war also programmiert, er scheiterte in letzter Minute. Haftverschärfung. Aber auch in Ketten geschmiedet, ließ sich Trenck nicht abschrecken und hatte auf seine Art Erfolg.

1757 – wir sind im Siebenjährigen Krieg – wurde der Berliner Hof aus Sicherheitsgründen auf die Festung nach Magdeburg evakuiert. Natürlich langweilte man sich dort, natürlich war der Gefangene Trenck ein interessantes Gesprächsthema. Und Trenck nutzte die Gunst der Stunde und schrieb Bittgesuche und Gedichte an die Königin, an die Prinzen, an Anna Amalia. Die Prinzessin hat dann tatsächlich etwas für Trenck getan. Sie erbat Papier und Tinte für Trenck, damit er nicht mehr mit seinem Blute schreiben müsse. Trenck machte dreißig Jahre später daraus ein Liebesgeschenk.

Wer unserer Darstellung noch immer nicht folgen möchte, zugegeben, die Filmkostüme in »Zwei Herzen gegen die Krone« waren zu schön, frage sich selbst, was wohl mit Prinzessin Amalia geschehen wäre, hätte die Liaison tatsächlich stattgefunden? Preußen war weder Sachsen noch Frankreich. Friedrich achtete gnadenlos auf die Einhaltung der Standesgrenzen und er hatte überall Augen und Ohren. Amalia wäre bei einem Fauxpas mit Trenck vom

Hofe verstoßen worden. Man glaube nicht, dass so eine Liebe auch nur einen Tag unbemerkt geblieben wäre. Eine unverheiratete, junge und schöne preußische Prinzessin konnte sich nicht einfach ins Nichts zurückziehen. Die Etikette schrieb ihren Tagesablauf vor, den Rest von Privatheit überwachten die Höflinge und Bediensteten.

Das achtzehnte Jahrhundert war ein Zeitalter der Konversation. Das Bedürfnis, über alle Themen zu schreiben und zu reden, war enorm. Hofklatsch stand an oberster Stelle, es ist nicht anders als heutzutage, Klatschpostillen haben den größten Marktanteil.

Hätten Anna Amalia und Trenck auch nur einen Blickkontakt über Gebühr miteinander gewechselt, stünde davon in den vielen vertrauten Briefen, Tagebüchern oder Notizen der Höflinge. Es gab auf Trenck aber überhaupt keinen Widerhall am Hofe. Bis zu seiner Gefangennahme 1745 spielte Trenck in nichts eine Rolle. Eingedenk dieser Nüchternheit hatte Trenck dann seine Lebenserinnerungen nach dem Tode von Friedrich und Amalia so zusammengelogen, dass er als wachhabender Offizier bei der Hochzeit 1744 Dienst getan haben könnte.

Trenck starb 1794 in Paris unter der Guillotine.

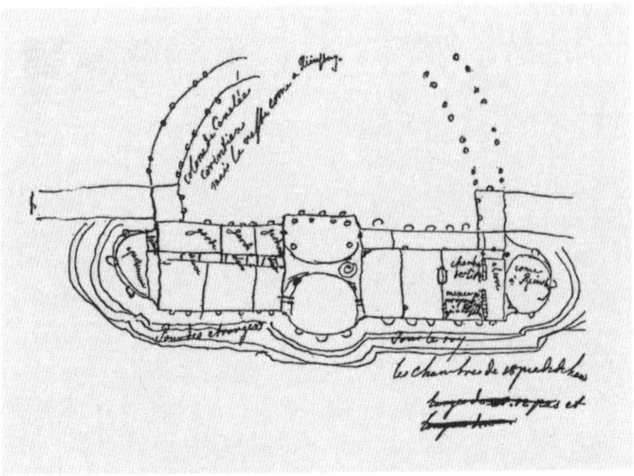

Friedrichs Dispositionsskizze von Sanssouci, 1744.

4. *Friedrich sei der Schöpfer von Schloss Sanssouci gewesen*

Das Weinbergschloss ist in mehrfacher Weise ein Kuriosum. Als privates Sommerschloss abseits der Potsdamer Residenz konzipiert, wurde es zum Lieblingsaufenthaltsort des Königs. Obwohl es mit nur fünf kleinen Gästezimmern ausgestattet war, logierten dort Familienmitglieder, wie Friedrichs Schwester Wilhelmine, der Herzog von Braunschweig, Friedrichs Vertrauter Graf Rothenburg und Militärs anderer Höfe, wie Moritz von Sachsen, Marschall von Frankreich.

Sanssouci war Friedrichs Residenz und Refugium in einem. Das Äußere des Schlosses ist ein stilistischer Spagat. Die Hoffront klassizistisch streng, an der Gartenfront dagegen räkeln sich wohlgelaunte Bacchanten. Die Dekorationen der Gemächer tragen Handschriften verschiedener Meister. Dennoch ist Sanssouci ein Juwel. Wer entwarf das Schloss, und warum ist diese Frage von Bedeutung?

Eine der frühen Äußerungen dazu stammt von Friedrich Nicolai, der 1769 das Schloss beschrieb: »...Sanssouci ist 1745 nach der Idee S. Majestät selbst unter Aufsicht des Freiherrn von Knobelsdorff gebaut worden.«

Im neunzehnten Jahrhundert, als Friedrich zur Nationalikone erhoben wurde, urteilten die Historiker im Sinne Nicolais, bei Kugler (1888) lesen wir: »Der Plan zu dieser Anlage war von ihm selbst (dem König) entworfen«. 1904 schrieb der kaiserliche Archivar von Petersdorf: »Der König hatte selbst Skizzen zu der Anlage entworfen... sonst schuf der König noch eine Reihe kleinerer Bauten in seinem Park.« Der Historiker Gurlitt schrieb 1909: »Die Grunddisposition (von Sanssouci) ist wohl Dieterichs Werk.«

In der Gegenwart ist Friedrichs Architekt wieder mehr als nur »Aufsicht«, salomonisch wird der Anteil am Schloss dem König und dem Baumeister zugesprochen, der »Amtliche Führer Sanssouci, 1999« nennt Knobelsdorff als alleinigen Schöpfer, in einigen zeitgenössischen Biographien bleibt es Friedrich.

Beleuchten wir zuerst die Frage, wie der König zu seinem Schloss kam.

Zu Anfang seiner Regierung favorisierte Friedrich Schloss Charlottenburg als Residenz. Nach Knobelsdorffs Plänen wurden ein Flügel mit Wohnungen für König und Königin sowie zwei repräsentative Galerien an den alten Bau gesetzt. Zur gleichen Zeit kaufte Friedrich unter den Linden Boden für einen Schlossneubau. Fundamente wurden ausgehoben, reichlich Material angeliefert, dann ließ der König alles wieder einebnen. Auf keinen Fall wollte Friedrich im düsteren Berliner Stadtschloss residieren. Er ließ das Potsdamer Stadtschloss von Knobelsdorff umbauen und die Seitenflügel aufstocken, aber es dauerte zehn Jahre, und der Wohnraum reichte für sich, die Familie und Gäste wiederum nicht aus. 1744 verlor das fertige Charlottenburg langsam die Gunst des Königs, er floh der permanenten Etikette. Freude bereiteten ihm Ausflüge in die landschaftlich gefällige Umgebung von Potsdam. Wiederholt speiste Friedrich mit seinen Gästen auf dem bis dato kahlen Berg in der Nähe des königlichen Küchengartens. Zelte und Sonnenschirme mussten hochgeschleppt werden, Tische, Stühle, Geschirr, Holz für das Feuer und kleine Herde. Auch den Herrschaften blieb der anstrengende Aufstieg durch tiefen märkischen Sand nicht erspart. Oben transpirierte man erheblich, trank Wein und genoss den weiten Blick über die Havel zum gegenüberliegenden Höhenzug. Man war bester Stimmung, fühlte sich frei und wollte gern wiederkommen. Bei diesen Gesellschaften mit dem Vorleser Jordan, dem Vertrauten Keyserlingk, den Schöngeistern Algarotti, d'Argens und Chasot, auch Knobelsdorff war in der Runde, reifte der rein praktische Plan, den beliebten Flecken zukünftig über eine bequeme Treppenanlage erreichen zu wollen. Der Berg wurde terrassiert und erhielt 120 Stufen, heutzutage benutzen wir 132, wenn wir in das Schloss wollen. Im Herbst 1744 skizzierte der König dann den Grundriss für ein Landhaus, einstöckig, ebenerdig, mit vier Zimmern für sich und fünf für seine Gäste. In Knobelsdorffs Baubüro wurden die Pläne konkretisiert, der Baubeginn lag im Frühjahr 1745, im Mai 1747 weihte der König Sanssouci ein.

Von wem stammt aber was? Nach des Königs Skizze, dessen exakte Entstehungszeit man immer noch nicht kennt, lässt sich kein Schloss bauen.

In den letzten Jahren wurden neu zugängliche Quellen ausgewertet, Bauentwürfe und Baukorrekturen analysiert, Honorare an Künstler mit Rechnungen verglichen, und was herausgekommen ist, lässt sich so zusammenfassen: Friedrich wünschte ein Sommerschloss auf dem Weinberg. Er legte die Raumdisposition selber fest. Das kombinierte Arbeits- und Schlafzimmer wurde eine Wiederholung der Lösung im Potsdamer Stadtschloss. Die geliebte Bibliothek sollte rund wie im Rheinsberger Turmzimmer sein und in unmittelbarer Nähe zum Arbeitszimmer liegen. In seiner Skizze vermerkte der König die Vorgaben zu den beiden Zimmern. Von den anderen Zimmern gibt es nur die Umrisse. Friedrich wird sie nach Knobelsdorffs Anregungen gezeichnet haben, denn der Baumeister stand noch immer hoch in des Königs Gunst. Knobelsdorff hatte Rom besucht, kannte und schätzte das Pantheon, dessen Nachbildung der Marmorsaal von Sanssouci ist. Knobelsdorff entwarf also die Fassaden, Bildergalerie, Vestibül und Marmorsaal. Ihm zur Seite standen hochmotivierte Kunsthandwerker, die bereits in Charlottenburg und im Potsdamer Stadtschloss nach eigenen Entwürfen zur vollen Zufriedenheit des Königs gearbeitet hatten. Der König ließ ihnen auch in Sanssouci freie Hand. Der Holzbildhauer Nahl schuf das Konzertzimmer,

Hoppenhaupt später das sogenannte Voltairezimmer und Höder das fünfte Gästezimmer, in dem Graf Rothenburg öfter schlief. Nahl und Knobelsdorff schufen die Bibliothek, Ebenhech die Inkrustationen und Putten. Christian Glume meißelte die Bacchanten und Vasen an der Fassade. Sanssouci ist ein Gemeinschaftswerk, und der König war 1745 schöpferischer Mitstreiter. Das änderte sich ein Jahr später. Nahl verließ Preußen und Knobelsdorff trug dem König nach, dass er Sanssouci nicht hatte unterkellern lassen. Der König übernahm also selbst das Kommando, ließ fortan ausführen und nicht mehr debattieren. Er setzte eine widerspruchsfreie Bauaufsicht ein und trieb zur Eile.

Selbst wenn des Königs Skizze für Sanssouci vor Baubeginn entstanden ist, die Räume, die ihm am wichtigsten waren, Bibliothek und Arbeitszimmer, wurden Übernahmen aus anderen Schlössern. Die Bibliothek in Rheinsberg ist von Knobelsdorff, das Arbeitszimmer im Potsdamer Stadtschloss von Nahl oder Hoppenhaupt. Jedenfalls nicht von Friedrich.

Die Frage, warum diese Klärung von Bedeutung ist, lassen wir bis zum zehnten Kapitel offen.

Schloss Sanssouci, nach Probst, 1750.

5. *Friedrich habe seit 1747 nur noch in Sanssouci gelebt*

Friedrich liebte sein Schloss und den Park. Er hätte sich übers Jahr sicher gern länger als nur in den Sommermonaten aufgehalten. Dagegen sprachen jedoch zwei Gründe, des Königs Jahresrhythmus mit all seinen Verpflichtungen und die Tatsache, dass Sanssouci keine Öfen besaß, sondern nur kleine Kamine. Die Gemächer sind sechs Meter hoch, Friedrichs Schlaf- und Arbeitszimmer hat einhundert Quadratmeter Fläche. Was richtet da wohl ein kleiner Kamin bei winterlichen Temperaturen aus? Über Versailles unter Ludwig XIV., wo die Räume auch nur einen Kamin hatten, aber ungleich größer waren, weiß man, dass im Winter die Trinkschokolade gefror.

Uns interessiert die Frage, wann hielt sich Friedrich wo auf? Der König hat kein Tagebuch geschrieben, auch keiner seiner Beamten tat es für den König.

An Hand zahlloser, jetzt meist kriegsverschollener Notate und Memoiren Dritter, mit Hilfe von des Königs eigenen Briefen, Befehlen und Randnotizen und Befragung von noch lebenden Zeitzeugen rekonstruierten die Historiker Rödenbeck und Droysen im neunzehnten Jahrhundert, wo sich Friedrich wann und zu welchem Zweck aufhielt. Eine Puzzlearbeit sondergleichen. Herausgekommen sind mehrere Bände mit exakten Orts- und Zeitangaben über das, was gerade geschah. (Rödenbecks »Tagebücher« wurden kürzlich als Reprint im Archiv-Verlag Braunschweig wieder aufgelegt.)

Zurück zu der Behauptung, Friedrich habe seit 1747 nur noch in Sanssouci gelebt. Der König bewohnte vier Schlosser: Sanssouci, das Potsdamer Stadtschloss, Charlottenburg und das Berliner Stadtschloss. Im letzten wohnte er regelmäßig von Mitte Dezember, dem Beginn des Karnevals mit den obligaten Hoffesten, Maskenbällen und Feuerwerken, bis Ende Januar. Höhepunkt war des Königs Geburtstagsfest am 24. Januar. Danach zog er in das Potsdamer Stadtschloss, wo ihn ein ausgeklügeltes Heißluftsystem bei Wärme hielt. Standen große Empfänge und weitere Feste an, ging man in das fertige Charlottenburg, weil das Stadtschloss bis in die fünfziger Jahre Baustelle war. Im Mai 1747 konnte der König endlich sein »Lusthaus auf dem wüsten Berg« beziehen. Er bewohnte das Schloss, sobald es die Temperaturen zuließen, meistens von April bis September. Aber der König wohnte nicht ununterbrochen auf dem Weinberg. Er pendelte ständig ins Stadtschloss, nach Berlin oder Charlottenburg. Als Chef der in Potsdam stationierten Soldaten exerzierte er regelmäßig selbst, kontrollierte in Berlin die Truppe und die Verwaltung. Friedrichs routinemäßigen Inspektionsreisen in die Provinzen nahmen oft einen kompletten Monat in Anspruch. Während des Siebenjährigen Krieges vom September 1756 bis März 1763 sah der König Sanssouci überhaupt nicht. Wertet man den oben zitierten Rödenbeck danach aus, wie häufig der König in seinem Lieblingsschloss wohnte, dann waren es von April bis September um die fünfzehn Tage im Monat, jedoch nicht am Stück.

Angemerkt sei noch der Alltag im Schloss. Lakaien, Pagen und Läufer waren im Seitenflügel hinter des Königs Bibliothek untergebracht. Dort lagen auch die Küche, die Silberkammer für Besteck, Porzellan und Kerzen, der Weinkeller und die Holzkammer. Im gegenüberliegenden Seitenflügel, wo sich heute der Shop und die Kasse befinden, standen des Königs Pferde, wohnten Stallmeister und die Wachen. Friedrichs Wäsche wurde dort gewaschen und aufgehängt. Aufbewahrt wurde sie in Wandschränken, weshalb es keine sperrigen Möbel im Schloss gab. Die Seitenflügel wurden im neunzehnten Jahrhundert umgebaut, von der alten Struktur ist nichts erhalten. Das Schloss selbst ist fast unverändert auf uns gekommen. Beiderseits der Alkoven der fünf Gästezimmer führen zwei kleine Türen in die Puderkammer und in jene für den Leibstuhl. Was sich darin sammelte, wurde – zumindest in Friedrichs letzten Jahren war es so – in die Parkbüsche gekippt. In Versailles wurden, weil wir vorhin davon sprachen, Wandbespannungen und Vorhänge zweimal jährlich gewechselt, da man sich an ihnen säuberte. Hinter den kleinen Kammern an den Gästezimmern von Sanssouci gibt es Dienerkammern, die auf den langen Flur stoßen. Von dort wurde das Essen für jene Gäste aufgetragen, die im Zimmer aßen.

Hielt der König Tafel, ganz gleich, ob mittags oder abends, fand diese im sogenannten Vorzimmer statt, bei offiziellen Anlässen im Marmorsaal.

Devotionalien des Königs waren schon zu seinen Lebzeiten beliebte Sammelobjekte, um 1784.

Tafelrunde in Sanssouci, Bleistiftskizze von Menzel.

6. *Friedrich habe täglich Tafelrunde in Sanssouci gehalten*

Die Tafelrunde von Sanssouci wurde spätestens seit Menzels nun kriegsverschollenem Gemälde legendär. Philosophen, Wissenschaftler und Dichter saßen mit dem König im Marmorsaal des Weinbergschlosses, sie stritten heiter und gelassen bei gutem Essen über Gott und die Welt. Die Tafelrunde von Sanssouci wurde zum Symbol der Aufklärung in Preußen. »Die Tafelrunde vereinte täglich geistreiche, gern gesehene und gern sich zeigende Gäste aus aller Welt«, schrieb Cyrann (1958). So und ähnlich lesen wir in zahlreichen Büchern, und das wird unisono in den aktuellen Reiseführern wiederholt. Womit es nicht richtiger wird. Gleich zwei Irrtümer sind hier zu beheben: es gab nämlich nicht nur die eine, philosophisch orientierte Tafelrunde, und sie wurde auch nicht täglich abgehalten. Diese Runde war eher die Ausnahme.

Was heutzutage in Talk-, Quiz- und Skandalshows debattiert wird, tauschte man zu Friedrichs Zeiten in den Salons des Adels und des gut situierten Bürgertums aus. Die Lust an neuesten Nachrichten war enorm. Und König Friedrich war ein neugieriger, wissensdurstiger und eitler Mensch. Damit waren alle Voraussetzungen gegeben, selbst Gesellschaft abzuhalten. Und genau wie heute, überlegte man damals, wer in Gesellschaft am besten zu wem passte. Keiner würde alles mit allen besprechen. Der philosophische Freundeskreis des Königs rührte aus Rheinsberger Zeiten. Der lernende Prinz umgab sich mit geachteten Männern wie dem Vorleser Jordan, seinem Architekten Knobeldorff, dem Globetrotter und Lebemann Keyserlingk, dem klugen Gotter. Friedrich schrieb sich bereits mit Voltaire. Als König gab Friedrich aber auch regelmäßig Tafelrunden anderer Art. Entweder lud er seine Geschwister zu sich, um Familienrat zu halten, oder wichtige Militärs erschienen. Sagen wir es noch genauer: Saßen seine Brüder Heinrich, August Wilhelm oder Ferdinand am Tisch, wurden Dinge der Staatsräson besprochen. Außenstehende hatten keinen Zutritt zu dieser Tafel. Friedrich führte wiederholt Kriege, das Militär war Preußens Rückgrat. An der Generalstafel saßen dann Karl von Dessau, die Braunschweiger Prinzen, Friedrichs militärischer Berater Winterfeld und der feinsinnige Major Stille.

An dieser Tafel hatten weder Philosophen noch Familienangehörige etwas zu suchen. Und bei der eingangs erwähnten Runde mit Dichtern und Wissenschaftlern war kein General anwesend (außer Rothenburg, der Schöngeist und Militär war).

Von Rödenbecks Dokumentensammlung über den König war bereits die Rede. An Hand der Eintragungen können wir gut verfolgen, wann und wie oft der König welche Art Tafelrunde abhielt. Unter dem 24. April 1748 etwa lesen wir: »(Friedrich) speist mit verschiedenen Prinzen in Sanssouci, anschließend Intermezzo.« Womit eine Oper gemeint ist, aufgeführt in der Orangerie neben dem Schloss.

20. August 1748: »Ball in Sanssouci, welchen der König mit der Prinzessin Amelie eröffnet. Das Schloss war illuminiert.« (Vor dem Ball wurde natürlich gegessen.)

Kamen Politiker fremder Höfe zur offiziellen Tafel, liest sich das so: 18. Juli 1748: »Tafel mit dem Bischof von Breslau und dem bayrischen Minister Beckers.«

Was gesprochen und ausgehandelt wurde, blieb unbekannt, man führte keine Protokolle. Indiskretionen durch Pagen oder Posten waren weitgehend ausgeschlossen, weil man allein im Zimmer war. Äußerte sich ein Beteiligter in späteren Zeiten, bekommen wir eine Ahnung von den Themen dieser Art Tafel. 13. Juli 1749: »Der Marschall von Frankreich, Graf Moritz von Sachsen, kommt nach Berlin.«

15. Juli: »Derselbe nach Potsdam, wo er mit dem König in Sanssouci speist. (Warum sonst niemand zugegen ist, erfahren wir gleich.) Abends Intermezzo.«

16. Juli: »Der Marschall, Graf Moritz, erhielt vom

König sein Porträt und eine kostbare Tabatiere zum Andenken. Er verlässt an demselben Tage Potsdam.«

Und was besprachen die beiden in Sanssouci?

Moritz von Sachsen, Sohn August des Starken, war oberster Befehlshaber des französischen Heeres. Er hatte in vielen Schlachten viel Ruhm erworben. Was er nicht hatte, aber seinem Stand entsprechend so nötig war wie einem Bischof sein Bistum, war ein Fürstentum. Moritz wurde wohl zum Herzog von Kurland gewählt, sein eigener Vater zwang ihn aber zum Verzicht. Moritz musste sich fügen, die Wunde war jedoch fürchterlich und heilte nie. Auf dem Totenbett vertraute der Graf einem Vertrauten an, was er mit Friedrich am 15. Juli 1748 besprochen hatte. Bei Faßmann (1752) liest sich das so: »Friedrich hielt mit mir einige geheime Conferenzen, welche die nordischen Angelegenheiten und die Curländische Wahl-Sache betrafen.« Moritz von Sachsen lotete also aus, ob der König dem Marschall bei der Wiederbeschaffung des Herzogtums behilflich sein wollte. Der König wünschte zu wissen, ob am französischen Hof eine Allianz mit Österreich wider Preußen gesucht wurde.

Und nun zur eigentlichen, der philosophischen Tafelrunde. Diese Gesellschaft von europäischen Berühmtheiten war schon in jener Zeit legendär, verlor aber nach dem Siebenjährigen Krieg erheblich an Glanz und Bedeutung. Wer waren die Gäste? Vertraute, originelle Geister, bunte Vögel und derart verschiedenen Charakters, dass Turbulenz immer garantiert war und Toleranz ständig geübt werden musste.

Maupertuis, Akademiepräsident, trocken, geizig,

sehr korrekt. Er hatte die Abplattung der Polkappen entdeckt. La Mettrie, Materialist reinsten Wassers. Der Mensch ist ein Maschine. Er aß sich an Pastete zu Tode. Der windige Abbé Bastiani, gut für Sticheleien, immer einen Blick auf den Hintern von Pagen gerichtet. Graf Algarotti, feinsinniger Weltmann, kaufte für den König Gemälde und Statuen.

Marquis d'Argens, Gelehrter und Fast-Intimus des Königs, leidenschaftlicher Hypochonder. Der angebetete Voltaire gehörte dazu, er war jedoch nur knappe drei Jahre am Hofe. Graf Gotter, schrulliger Weingenießer. Und das beliebte Objekt ständigen Spotts, Baron Poellnitz. Friedrichs wichtige Bezugspersonen, der Vorleser Jordan und Keyserlingk, waren bereits tot, Graf Rothenburg kränkelte und starb 1751 in den Armen des Königs. Knobelsdorff lud man nicht mehr ein, und des Baron Bielfelds Esprit war nicht mehr jener aus Rheinsberger Tagen. Im Siebenjährigen Krieg vertraute sich der König seinem Vorleser de Catt an, der über den seelischen Zustand des Königs Tagebuch führte. Nach dem Siebenjährigen Krieg wurden Marschall Keith, de la Motte-Fouque, Lentulus, Herzberg und Finkenstein wichtige Gesprächspartner, in den letzten Jahren des Königs waren es General Goertz und Marchese Lucchesini. Natürlich fanden die Runden nie in gleicher Besetzung statt. Algarotti reiste viel herum, andere saßen auf ihren Gütern oder waren krank. Die Runde wurde meistens kurzfristig angesetzt, bezeichnenderweise, wenn der König von längerer Inspektionsreise durch die Provinzen zurückkam und nach geistreichem Disput dürstete. Thematisiert wurde alles, außer des Königs eigener Politik. Jeder Gast durfte an der Tafel nach Herzenslust über andere gekrönte Häupter herziehen, am besten über Kirche und Papst. Dann entspannen sich religionsphilosophische Debatten. Es ging auch frivol zu. Über diese Runden ist bis dato kein authentischer Bericht bekannt, Voltaire spottete Jahre später über seine Tafelrunden beim König: »Das Souper wurde in einem kleinen Saal eingenommen, dessen sonderbarster Schmuck aus einem Bild bestand, zu dem er seinem Maler Pesne die Anregung gegeben hatte. Es war ein schönes priapisches Gemälde. Man sah Frauen umarmende Männer, Nymphen unter Satyrn, Amoretten, die das Spiel des Enkolipos und des Giton spielten, etliche Leute, die beim Anblick dieser Kämpfe vor Wonne vergingen. Die Mahlzeiten waren oft nicht weniger philosophisch. Wenn jemand unvermutet das Gemälde gesehen hätte, so würde der geglaubt haben, die sieben Weisen Griechenlands im Freudenhaus zu hören. An keinem Ort der Welt ist wohl je so frei über allen Aberglauben der Menschen gesprochen und dieser mit mehr Spott bedacht worden.« Wie oft trafen sich nun die Spötter von Friedrichs Gnaden?

Wenn der König in Sanssouci wohnte, hatte er jeden Abend Gesellschaft von Familienangehörigen, Militärs, Ministern oder den Dichtern und Philosophen. Zählen wir in Rödenbecks Tagebuch die entsprechenden Notate aus, dann hatte der König pro Woche eine philosophische Tafelrunde. Da Friedrich, wie schon dargestellt, oft wochenlang auswärts war, gab es natürlich keine Regelmäßigkeit. Der monatliche Durchschnitt der Gelehrten-Tafelrunde in den Jahren von 1747, als Sanssouci bezogen wurde, bis zum Ausbruch des Siebenjährigen Krieges 1756, liegt bei drei Abenden.

Pagenvergnügen, Stich von 1780.

7. *Friedrich sei homosexuell gewesen*

In Jochen R. Klickers 2003 erschienem Buch »Potsdam Literarische Spaziergänge« heißt es über Friedrich II. schmissig: »Wer Sanssouci besucht, will eintauchen ins Flair von Preußens bedeutendstem und umstrittenstem Monarchen: Friedrich und sein Baumeister Knobelsdorff. Friedrich und seine Flötenmusik. Friedrich mit seinen elf Windspielen. Friedrich beim Spaziergang mit Voltaire. Friedrich bei der Planung des nächsten glorreichen Feldzuges. Friedrich der ungerechte Eiferer. Friedrich, der gerechte Spötter. Friedrich, der religiöse Skeptiker. Friedrich, der Schwule.«

Um den letzten Satz machten und machen Historiker gern einen Bogen, viele Freunde kann man damit auch nicht gewinnen.

Wie stellen wir uns Friedrich II. als Schwulen vor? Verkleidete er sich gern als Tunte? Lief er untergehakt mit seinen Amouren durch Schloss und Park? Tat er es heimlich oder in Gesellschaft? Vom Bruder Ludwig XIV., Philipp von Orleans, sind derartige öffentliche Auftritte belegt. Aber Friedrich? Und wer waren seine Liebhaber? Voltaire? Rothenburg? d'Argens? Irgendwelche Soldaten? Wie reagierte Friedrichs Umwelt und wie seine Gemahlin? Unsere Fragen sind der Moral unserer Zeit geschuldet, im achtzehnten Jahrhundert galten jedoch andere Vorstellungen von dem, was man tat und besser ließ. August der Starke schlief mit seiner Tochter, der späteren Gräfin Orzelska, seit ihrem elften Lebensjahr; Goethe, Kant und Lichtenberg hatten als erwachsene Männer sexuelle Beziehungen zu zwölfjährigen Mädchen. Nach heutiger Moral- und Rechtsnorm wären sie Kinderschänder und für viele Jahre weggesperrt, und weil sämtlich Wiederholungstäter, vielleicht auch noch mit anschließender Sicherungsverwahrung. Kein Faust, keine Exkurse über die Vernunft, keine Aphorismen. Im achtzehnten Jahrhundert waren sexuelle Kontakte zwischen älteren Männern und jungen Mädchen üblich. Das trifft für die Dorfgemeinschaft wie für die Stadtbürger wie für den Hof. Dementsprechend gab es viele uneheliche Kinder, Abtreibungen, Kindestötungen – auch das wird im Faust thematisiert – und Waisen. Mit dem Keuschheitsgürtel wollte man eine Zeitlang gegensteuern, durch Maria Theresia in Österreich ausdrücklich verordnet.

Und gleichgeschlechtliche Kontakte zu Friedrichs Zeiten? Bei Hofe und im Adel wurden sie toleriert, wenn sie nicht Ausmaße wie bei Philipp von Orleans annahmen. Auch im aufgeklärten Bürgertum wurden homoerotisch Veranlagte nicht isoliert. Homoerotische Interessen von Männer galten damals fast ausschließlich pubertierenden Knaben von zwölf bis zwanzig Jahren. Das hatte mit den gelesenen griechisch-römischen Autoren zu tun, die Knabenliebe priesen, auch mit dem Wiederentdecken antiker Statuen, den latenten Anpreisungen des jungen, schönen Knabenkörpers durch Künstler wie Michelangelo, Cellini, Bernini, Caracci, Caravaggio, Winckelmann bis hin zu Goethe. Dass sich erwachsene Männer damals zärtliche Briefe schrieben, war auch Ausdruck eines Erziehungsideals. Sinnlichkeit lag in der Luft. Objekte der Lust am Hof waren Pagen, Spielkameraden der eigenen Kinder, Kadetten beim Militär, Sänger, Tänzer. Ludwig XV. hatte als Jüngling derart viele Verführer um sich, dass seinem Erzieher und Vormund, dem Kardinal Fleury, angst und bange wurde. Eilig verheiratete er den Prinzen, und das weitere ist bekannt: Ludwig pflegte fortan bis zu seinem letzten Tag eine üppige Mätressenwirtschaft. Madame Chateraux, die Pompadour und die Dubarry sind bis heute geläufige

Namen. Die Funktion von männlichen Favoriten und weiblichen Mätressen im achtzehnten Jahrhundert war vor allem eine emotionale. Aber sie galten nicht nur als Gesellschafter und intime Vertraute eines Fürsten oder Adligen, sie waren oft auch Diplomaten oder Minister, ohne diesen Rang zu tragen. Kurz, ihr Einfluss war beachtlich. Der legendäre Kammerherr Friedrichs war so ein Faktotum; der König vertraute ihm rückhaltlos, und Fredersdorff kümmerte sich um die privaten Angelegenheiten seines Herrn genauso wie um das heimliche Einschmelzen von Tafelsilber zum Prägen neuen Geldes. Fredersdorff wird nachgesagt, einer der frühen Sexualpartner des Königs gewesen zu sein. Belegt ist nichts.

Favoriten und Mätressen waren Ersatz für ungeliebte, aber aus Gründen der Staatsräson geheiratete Gatten. Sexuelle Kontakte in höfischen Kreisen wurden in allen Ausrichtungen toleriert, denn Heirat und Liebe wurden erst im neunzehnten Jahrhundert begrifflich miteinander verbunden. Das heißt nicht, an allen Höfen hätte Sodom und Gomorrha geherrscht. Herzog Friedrich der Fromme von Mecklenburg war sittenstreng wie Friedrichs Vater oder August III. von Sachsen. Dänemarks erster Minister, Graf Struensee, liebte wiederum seine sechzehnjährige Königin. Was ihn den Kopf kostete, denn wurde das tarierte Maß überschritten, gab es kein Pardon. Friedrichs Vater war das Thema gleichgeschlechtlicher Kontakte schon deshalb nicht unbekannt, weil es in seinem Soldatenstaat für dienende Männer wenig Gelegenheit zur Triebabfuhr gab. Friedrich Wilhelm wusste auch um die sexuell labilen Neigungen seines Sohnes. Wurde das für ihn tolerierbare Maß überzogen, beschimpfte der Vater seinen Sohn als »Sodomit«. Als Friedrich bereits zwanzig Jahre regierte, meldete man ihm einen Kavalleristen, der Unzucht mit Schafen trieb. Friedrich schrieb sein Urteil an den Rand: »Versetzt den Kerl zur Infanterie.« Die Beispiele mögen reichen, um einen Eindruck damaliger Moralvorstellungen bei Hofe zu geben. Und sie sollen zeigen, dass heutige, scharf abgrenzende Begriffe wie Hetero-, Bi- oder Homosexualität für das Zeitalter Friedrichs untauglich sind.

Wir sehen den Leser die Stirn runzeln; er möchte eben doch klare und eindeutige Antworten. War Friedrich schwul oder nicht? Oder von allem ein bisschen?

Wie ist die Quellenlage? Um es gleich zu sagen, ein so wunderbares Kompendium wie Saint-Simons Tagebücher über den französischen Hof mit dessen schonungsloser Darstellung gibt es über den preußischen Hof nicht. Graf Lehndorff schrieb ein geheimes Tagebuch, wir lesen darin von seinen Gefühlen gegenüber dem Prinzen Heinrich, wir können sie durchaus als homoerotisch bezeichnen. Zu einer Draufsicht auf das höfische Sexualleben in Preußen fehlte aber der geeignete Histograph. Und Friedrichs Sexualleben spielte sich, im Gegensatz zu dem Ludwigs XIV. und XV. oder Augusts des Starken, nicht in der höfischen Öffentlichkeit ab. Es gab keine Sexorgien in Anwesenheit des Königs, geschweige, dass er sich daran beteiligt hätte.

Friedrich musste nach seiner gescheiterten Flucht und der anschließenden Disziplinierung 1733 Elisabeth Christine von Braunschweig-Bevern heiraten. Friedrich Wilhelm schenkte dem Kronprinzen

Schloss Rheinsberg, Knobelsdorff baute es um. Friedrich installierte dort seinen ersten eigenen Hof, und der König im fernen Berlin wartete auf Enkel. Tatsächlich ist die Ehe wohl nie »vollzogen« worden. Der Prinz unterwarf sich mit der Heirat dem König, Begehren nach der Prinzessin kam bei Friedrich jedoch nicht auf. Baron Bielfeld beschrieb das geistreiche und entspannte Treiben auf Rheinsberg in seinen »Vertraulichen Briefen«. Bei allem Respekt vor seinen Gastgebern, dem Kronprinzen und der Prinzessin; von Liebe, von gegenseitigem Verlangen der beiden ist mit keinem Wort die Rede. Gerade in Rheinsberg umgab sich Friedrich mit schönen Pagen. Sie waren blutjung und so verführerisch, dass auch Prinz Heinrich, der aus seiner Neigung zu jungen Männern keinen Hehl machte, ihre Dienste erbat. Einer dieser Pagen war der 1723 geborene Johann Friedrich von der Marwitz. Wir kommen auf ihn noch zurück, weil König Friedrich selbst und in eindeutiger Weise über ihn schrieb.

Kaum übernahm Friedrich 1740 die Regierung, wies er Königin Elisabeth Christine ein neues Quartier zu, das abgelegene Schloss Schönhausen. Friedrich wollte sie nicht in seiner Nähe haben. Auf standesgemäßen Respekt ihr gegenüber bestand er jedoch. Nur einmal hat die Königin Schloss Sanssouci betreten können, und auch nur, weil der König im Krieg stand.

Lebte Friedrich dann ohne Sexualität?

Voltaire schrieb Jahre nach seinem Aufenthalt am Potsdamer Hof seine »Denkwürdigkeiten« und bedachte auch des Königs Sexualleben. Zwei Stellen seien hier zitiert: »Der Prinz (Friedrich) hatte so etwas wie eine Geliebte, die Tochter eines

Schulmeisters. Er bildete sich ein, in sie verliebt zu sein, aber er täuschte sich, sein Hang ging nicht zum schönen Geschlecht ... Wenn seine Majestät angekleidet war und die Stiefel angezogen hatte, widmete der Stoiker einige Augenblicke den Anhängern Epikurs. Er ließ zwei oder drei seiner Günstlinge kommen, Leutnants seines Regiments, Pagen, Heiducken oder junge Kadetten, und nahm mit ihnen den Kaffee. Derjenige, dem er sein Taschentuch zuwarf, blieb ein Viertelstündchen mit ihm allein ... Er konnte nicht die erste Rolle spielen und mußte sich mit der zweiten begnügen. Waren diese Schuljungenvergnügen beendet, so kamen die Staatsgeschäfte an die Reihe ... Im Innern seines Schlosses war er ein Spaßvogel von einem König, das muß man zugeben. Er nahm Maupertuis in Schutz und machte sich mehr gegen ihn lustig, als irgend jemand sonst. Er begann gegen ihn zu schreiben und sandte mir durch einen Diener seiner heimlichen Vergnügen namens Marwitz sein Manuskript in mein Zimmer.«

Thomas Mann, der jahrelang Material für ein Friedrich-Projekt sammelte, schrieb: »Friedrichs spätere gleichgeschlechtliche Neigungen. Es ist sehr ruhig zu zeigen, wie aus dem Alter und aus der ungeheueren Überbelastung ein erotisches Verhältnis zu schönen und unbedeutenden jungen Männern, ein Verhältnis wie des Mannes zum Weibe hervorgeht.« Quellen für seine Sicht gab Thomas Mann nicht an und das Zitat sei nur soweit kommentiert, als dass Friedrich nach dem Siebenjährigen Krieg so ziemlich allen Allüren abgeschworen hatte, und gerade wegen der »ungeheueren Überbelastung« nicht in die Arme von »unbedeutenden jungen

Prinz Heinrich, Stich nach Anton Graff, um 1779.

Männern« floh. Da waren seine Gicht und Wassersucht schon vor.

Greifen wir, weil es sonst keine Belege aus erster Hand zu diesem Thema gibt, auf Zeugnisse des Königs selbst zurück.

Zum 200. Todestag von Prinz Heinrich publizierte Eva Ziebura eine Biographie über Friedrichs Bruder. Drei bislang unbekannte Briefe aus dem Frühjahr 1746 vom König an den krank darniederliegenden Prinzen sind dort abgedruckt. Sie betreffen das seltsame Dreiecksverhältnis Friedrichs und Heinrichs zum Pagen Johann Friedrich von der Marwitz. Der Page stand Friedrich schon in Rheinsberg zu Diensten. Anfang der vierziger Jahre lernte Prinz Heinrich von der Marwitz kennen und bat den König, ihn in seinen Dienst nehmen zu dürfen. Der König war einverstanden, behielt den Pagen jedoch unter Kontrolle. 3. März 1746: »Ich bin froh zu hören, daß Sie sich von der schweren Kolik erholt haben. Gehen Sie nicht zu früh aus und lassen Sie Ihrer Natur Zeit sich zu kräftigen. Ihrem kleinen Liebling geht es sehr gut, und wenn er schön brav bleibt, sehen Sie ihn bald wieder. Im Moment schmachtet er nach Liebe und dichtet Ihnen zu Ehren Elegien voller heißer Küsse, die er Ihnen bei Ihrer Rückkehr zu geben gedenkt.«

Drei Tager später schrieb der König: »Mein lieber Henri; nein es gibt kein grausameres Martyrium als die Trennung. Wie kann man nur einen Moment ohne den leben, den man liebt? ... Schon ein Tag ist vergangen, ohne daß ein Seufzer mich erreicht hat. Bestimmt ist er untreu geworden. Er liebt mich nicht mehr. Wenn ich den Mut hätte, würde ich dieser reizenden, betrübten Person antworten: Das hast du verdient, du verdammte Hure. Wolltest du meinen armen Bruder mit deinem giftigen Tripper anstecken? Oh, wenn er auf mich hörte, würde er seine Liebe einem Würdigeren zuwenden und dich mit deinen netten kleinen Qualitäten von denen dein Tripper, deine Eitelkeit, deine Lügen und dein Leichtsinn noch die geringsten sind, zu allen Teufeln schicken.«

Friedrich steigerte seinen Spott über das Verhältnis Heinrich und von der Marwitz im nächsten Brief noch einmal, und deutlich ist die Eifersucht des Königs zu spüren: »Wenn Sie es mir erlauben, schreibe ich einen herrlichen Roman mit dem Titel: Treue Liebe. Henri und der schöne Marwitz, und der wäre so fein, so zärtlich, so gefühlvoll und so sinnlich, daß er unserer Jugend zum Vorbild dienen könnte. Ich würde den tripperkranken Marwitz in so lieblichen Farben malen, ich würde ihm allen Geist zuschreiben, den er selbst zu haben glaubt, und ich würde vor allem, soweit mir das möglich ist, alle seine affektierten Ziererein schildern, mit denen er schweigend den anderen zu sagen scheint: Schaut mich an, bin ich nicht ein hübscher Junge? Muß man mich nicht lieben, anbeten und verehren?«

Heinrich intervenierte. Friedrichs Antwort darauf vom 9. März 1746 lautete: »Mein lieber Henri, ich werde alles widerrufen, wenn Sie meine Scherze so tragisch nehmen. Zunächst bitte ich um Entschuldigung, daß ich so wenig Achtung vor Ihrer Neigung gezeigt und gesagt habe, daß Marwitz den Tripper und fleischige Schultern hat. Ich bekenne also, daß ich mich geirrt habe, und gebe zu, daß Marwitz ein Seraphim unter den Cherubinen ist, daß man ihn lieben muß, wenn man ihn sieht, und anbeten, wenn man ihn kennt.«

Einige Jahre später ließ Friedrich die Eskapaden Heinrichs mit jungen Männern nicht mehr durchgehen, das Thema wurde nicht mehr in Briefen ausgetragen, zumindest formal musste Heinrich verheiratet sein. In einer europaweit kursierenden Spottschrift von 1752 – die Prinzenvermählung stand kurz bevor – lesen wir über Heinrich: »Es heißt, er sei Potzdamist. Arme Prinzess, Ihr werdet erkennen, wie man euch genasführt hat.«

Ob »Potzdamist« damals als Schimpfwort galt, ist schwer zu sagen, es war jedenfalls bis in die neunziger Jahre des achtzehnten Jahrhunderts ein stehender Begriff für homosexuell Veranlagte, die es heftig trieben.

Wir können nach weiteren Indizien suchen, die Friedrichs Gefallen an wohlgeformten Burschen belegen. Beispielsweise Pompeo Batonis Gemälde »Die Vermählung der Psyche«. Als das Bild 1757 übergeben wurde, führte es der König über den gesamten Siebenjährigen Krieg mit sich. Es gilt als sein Lieblingsbild. Nackte Knaben dominieren die Handlung.

Ein anderes Lieblingsobjekt Friedrichs war der »Betende Knabe«, eine antike Statue, die vor dem Fenster seiner Bibliothek in Sanssouci aufgestellt wurde.

Die Statue hatte Friedrich 1747 erworben, und sie wurde auch von Winckelmann, der sich 1752 in Potsdam aufhielt, gesehen. Über seinen Abstecher schrieb Winckelmann an seinen Geliebten Berendis: »Ich habe Wollüste genossen, wie ich sie nie wieder genießen werde. Ich habe Athen und Sparta in Potsdam gesehen«.

War Friedrich nun schwul? Versuchen wir im nächsten Kapitel ein Fazit.

Betender Knabe, Statue, 1. Jh. v. Chr.

8. *Friedrich sei nicht homosexuell gewesen*

Der Historiker Pangels nahm sich des Themas ansatzweise in seiner 1979 veröffentlichten Friedrich-Biographie an. Voltaires Passagen, die wir bereits kennen (»Derjenige, dem er ein Taschentuch zuwarf, blieb ein kleines Viertelstündchen« usf.) stehen nach Pangels »…im krassen Gegensatz zu Friedrichs Gefühl für Würde und menschlichen Anstand… Friedrich war Soldat, er hat sicherlich die Laster der Soldaten gekannt. Die in Feldlagern gewiss vorhandene Päderastie, die häufig beobachtete Sodomiterei waren ihm zweifellos nicht fremd. Aber all diese und einzig jene boshaften Auslassungen eines vergrämten alten Spötters rechtfertigen nicht, Friedrich als Homosexuellen abzustempeln… Diese von Voltaire ausgestreute Nachricht, Friedrich sei der Päderastie nicht abgeneigt gewesen, existiert erst seit 1784. Vorher hatte niemand gewagt, dem großen Heros, dem populären Volkskönig Friedrich so etwas nachzusagen.«

Worin Pangels irrt. Der Herzog von Choiseul, Frankreichs Außenminister, schrieb 1756 ein Gedicht über Friedrichs vermeintliches »Laster« und sandte die Verse Voltaire, damit dieser es dem Preußenkönig bald zur Kenntnis bringe:

Jusquelà censeur moins sauvage,
souffrel'innocent badinage
De la nature et des amours.
Deuxtu condamner la tendresse
Toi qui n'en as connu l' ivresse
Que dans les bras de tres tambours?

Da du ein wenig strenger Sittenrichter,
ertrage das harmlose Geplauder
über Natur und Liebeleien.
Kannst du die Liebe verdammen,
der du den Rausch nur in den
Armen deiner Trommler kennst?

Und schon 1753 kursierte eine anonyme Schrift mit dem Titel: »Idee de la personne, de la maniere de vivre et de la cour du roi de Prusse«, von Paris bis Petersburg. Friedrichs Lust nach Knaben wird darin auch thematisiert.

Man wusste nicht nur in höfischen Kreisen von dem Friedrich nachgesagten Laster. Und man glaubte es soweit, wie damit Politik zu machen war. Nicht nur am französischen Hof; die Mätresse Pompadour hauchte ihrem Gönner Ludwig XV. ins Ohr, Friedrich sei ein »Knabenpoanbeter«. Auch in Friedrichs Familie köchelte es bei diesem Thema. Folgt man den Ausführungen des Verfassers von »Idee de la personne ...«, dann »verabscheute« Friedrich den Prinzen Heinrich, weil dieser Zeuge von Ausschweifungen in Rheinsberg war. Eva Ziebura bestätigt in ihrer Heinrich-Biographie eine Rivalität der Brüder um besonders schöne Pagen. Ob Heinrich den König damit erpresst hat, wird vielleicht der bislang unausgewertete Briefwechsel zwischen Heinrich und seinem Bruder Ferdinand zeigen. Gäbe es darin oder auch in den noch aufzuarbeitenden Briefen Heinrichs an Friedrich eindeutige Hinweise auf diese Praktiken, ließe sich klar und eindeutig beantworten, welcher Art Friedrichs Sexualleben war. Aber wir müssen uns mit den vorliegenden Quellen begnügen und zitieren noch einmal aus Voltaires Denkwürdigkeiten. Über seine Zeit am preußischen Hof (1750–53) schrieb er: »Diese merkwürdige Regierung, diese noch sonderbarere Lebensweise, dieser Gegensatz von Stoizismus und Epikuräertum, von unmittelbarer Strenge in Fragen der militärischen Disziplin und Verweichlichung daheim in seinem Schloß, wo Pagen, mit denen er sich in seinem Kabinett vergnügte, und Soldaten, die beim Spießrutenlaufen sechsunddreißig mal unter den Fenstern des Königs der dabei zusah, durch die Gassen getrieben wurden, von Abhandlungen über Moral und einer zügellosen Ausgelassenheit, – das alles zusammen schuf ein bizarres Bild, das damals erst wenige kannten und von dem inzwischen ganz Europa erfahren hat.«

Und wer damals Voltaire nicht gelesen hatte, kannte das sehr populäre Buch des österreichischen Friedrich-Kritikers Joseph Richter (1787): »Statt daß er seinen Hang nach wollüstigem Leben hätte unterdrücken sollen, gab er ihm nur einen andere Richtung. Was sonst ein Weib getan, verrichtete nun ein Page.«

Alles üble Nachrede, wie Pangels glaubt?

1925 hat sich auch Johannes Richter, der den Briefwechsel zwischen Friedrich und Fredersdorff veröffentlichte, Gedanken über des Königs Sexualverhalten gemacht. Als Friedrich König wurde, schrieb Richter, habe er »...mit vollem Bewußtsein den Entschluß gefaßt, sich nicht in die Abhängigkeit von Liebesfesseln zu begeben«. Woher Richter das wusste, sagte er allerdings nicht. Und es ist keine Quelle bekannt, die Friedrichs »Verzicht auf Triebleben und seelische Reinheit« dokumentiert.

Zur möglichen Homosexualität Friedrichs schrieb Richter: »Es ist eine Krankheit unserer Zeit, daß sie sich scheut, an Liebe zwischen Freunden zu denken oder gar von ihr zu sprechen, aus Furcht, damit sofort eine Erniedrigung in das Reich des Trieblebens anzudeuten.«

Eine der jüngsten Publikationen (2003) zu diesem Thema stammt von Professor Ziechmann von der Universität Bremen: »War Friedrich der Große wirklich schwul?«, lautet das Thema seines Vortrages. Der Autor schildert als Ausgangspunkt für die folgenden tragischen Ereignisse (Fluchtversuch, Todesurteil für Friedrich und Katte) des Prinzen Vergnügungen mit der schönen Formera am sächsischen Hof. Im Februar 1728 waren Friedrich Wilhelm und der Kronprinz Gast bei August dem Starken, welcher Friedrich mit einer schönen Frau zu Diensten sein wollte. Friedrich holte sich die Syphilis. Er musste, als er gefährlich krank wurde, operiert werden. Die Syphilis wurde er um den Preis der Verstümmelung los. Friedrich war nicht mehr zeugungsfähig, schreibt der Autor und stellt folgende These auf: »Auf jeden Fall muss man alle folgenden Ereignisse zwischen Vater und Sohn unter dem Aspekt neu beurteilen, dass beide davon ausgingen, dass Friedrich keine Nachkommen mehr zeugen konnte. Für den Vater war er deswegen kein geeigneter Kronprinz mehr, denn die Dynastie musste fortgepflanzt werden.«

Dagegen spricht, dass Friedrich Wilhelm in den dreißiger Jahren wiederholt bei Friedrich und Elisabeth Christine anfragen ließ, wann mit einem Thronerben zu rechnen sei.

Es ist eine Frage der Zeit, wann zuverlässig über Friedrichs Intimleben geschrieben werden kann. In den Archiven liegen noch unbearbeitete Aufzeichnungen aus jener Zeit. Allerdings: Wie dieses Intimleben Friedrichs auch immer gewesen sein mag, auf seine Politik hatte es keinen feststellbaren Einfluss. Friedrich hatte keine Günstlinge, die den Gang der Dinge in ihrem Sinne änderten. Denn selbst die schönsten Pagen kamen nur über Fleiß und Fähigkeiten zu Amt und Würden.

Johann Sebastian Bach, Stich um 1750.

9. *Friedrich habe Johann Sebastian Bach am 7. Mai 1747 in Sanssouci empfangen*

Johann Sebastian Bach war in den vierziger Jahren des achtzehnten Jahrhunderts eine weitgeachtete Persönlichkeit. Seine Musik war nicht immer dem Zeitgeschmack verpflichtet, und die Ansprüche an Musiker wie Zuhörer waren enorm. Friedrich bevorzugte gefällige Kompositionen von Hasse, Graun und Quantz. Dennoch reizte den komponierenden Flötisten und König ein musikalischer Disput mit dem alten Bach. Zumal der begabteste Bachsohn, Carl Philipp Emanuel, als Cembalist Dienst in Friedrichs Hofkapelle tat.

Im Mai 1747 traf Bach in Potsdam ein. Unklar ist, ob Friedrich ihn über Emanuel einlud, oder ob Bach seinen Sohn besuchen wollte, wovon der König erfuhr und Bach zu sich kommen ließ.

Bei Eberhard Cyrann (1958) liest sich das so: »Nur deutsche Musik drang einmal groß an Friedrichs Ohr. Dank Philipp Emanuel Bach, der ständig beim König als Musiker im Dienst stand, war es ihm gelungen, mit Grauns Hilfe die »Hohe Messe« des Meisters am Potsdamer Hofe zur Aufführung zu bringen. Friedrich zeigte sich von dem Werk begeistert und bestand darauf, der alte Bach müsse einmal in Sanssouci selbst spielen. Nach mancherlei Schwierigkeiten und Weigerungen folgte der Meister der Einladung des Königs. Im Musiksalon des Weinbergschlosses empfing Friedrich den greisen Gast mit der Achtung, der er immer fähig war, wenn er die Persönlichkeit des anderen spürte. Der König bat, ihm etwas vorzuspielen.«

Wir haben jetzt Menzels Gemälde mit dem Flötenkonzert vor Augen, nur dass dieses Mal Bach und nicht Friedrich der Akteur ist. Andächtig sitzen die Königin Mutter, Anna Amalie, d'Argens, Algarotti, Rothenburg usw. in der Runde bei Kerzenschein. Auf dem Silbermann-Cembalo werden Noten gelegen, im Musikzimmer wird es nach Kaffee, Puder und Parfüm gerochen haben, des Königs Hunde mussten vielleicht sogar im Nebenzimmer warten. So jedenfalls wird die Atmosphäre in etlichen Romanen geschildert, beispielsweise in Claus Backs »Meister von Sanssouci«, aber auch in vielen Führungen durch Sanssouci.

Und wie war es wirklich?

Tatsächlich hat Sebastian Bach das Weinbergschloss nie betreten. Ha, lacht der Leser auf, das musste ja kommen, und legt sich Bachs »Brandenburgische Konzerte« auf. Am Ende sind sich Bach und Friedrich nie begegnet?

Doch, sie begegneten einander. Am Abend des 7. Mai 1747 spielte Bach im Potsdamer Stadtschloss vor dem König und seinen Gästen.

Gemach, wird der Leser sagen, ob Sanssouci oder Stadtschloss, so wichtig ist der Unterschied nicht. Bach hat vor dem König gespielt, also.

Da widersprechen wir, denn solche »Irrtümer« im Zusammenhang mit Friedrich und Sanssouci sind kein Zufall, und wir werden uns im nächsten Kapitel fragen, warum das so ist.

Zurück zum Bachbesuch in Potsdam. In den »Berlinischen Nachrichten« vom 11. Mai 1747 lesen wir zu dem Ereignis: »Aus Potsdam vernimmt man, daß daselbst verwichenen Sonntag der berühmte Capellmeister aus Leipzig, Herr Bach, eingetroffen ist, in der Absicht, das Vergnügen zu genießen, die dasige vortreffliche königl. Musik zu hören. Des Abends, gegen die Zeit, da die gewöhnliche Cammer-Musik in den königlichen Appartements anzugehen pflegt, ward Sr. Majetät berichtet, daß der Capellmeister Bach in Potsdam angelangt sei, und daß er sich jetzo in Dero Vorcammer aufhalte, allwo er Dero allergnädigste Erlaubnis erwarte, der Music hören zu dürfen. Höchstdieselben erteilten sogleich Befehl, ihn herein kommen zu lassen, und gingen bei dessen Eintritt an das sogenannte Piano und Forte, geruhten auch, ohne einige Vorbereitung in eigner Person dem Capellmeister Bach ein Thema vorzuspielen, welches er in einer Fuga ausführen sollte.«

Warum kann sich diese Szene nicht in Sanssouci abgespielt haben?

Weil sich der Speiseplan der königlichen Abendtafel vom 7. Mai 1747 erhalten hat, und diese Abendtafel wurde nicht in Sanssouci, sondern im Stadtschloss gehalten. Bach, seine zweite Frau Anna Magdalena und sein ältester Sohn Friedemann wohnten für diese Nacht in einem Potsdamer Gasthof, wo zwei Zimmer gemietet wurden. Am nächsten Tag spielte Bach in Potsdamer Kirchen, bevor er nach Berlin weiterreiste, um auch an dortigen Orgeln zu improvisieren.

Das von Friedrich vorgegebene Thema bearbeitete Bach in Leipzig zu Variationen mit dem Titel: »Das Musikalische Opfer« und widmete die Komposition dem Preußenkönig.

10. *Friedrich habe Voltaire in Sanssouci wohnen lassen*

Voltaire war eine der illustren Gestalten des achtzehnten Jahrhunderts. Sein Wirken polarisierte. Er wurde von den Freunden der Aufklärung in Europa angebetet und von deren Feinden gehasst und verfolgt. Voltaire war nicht nur gnadenloser Aufklärer, Wahrheitsfanatiker und unbeugsamer Kritiker von Klerus und Kirche, er war auch ein knallharter Geschäftsmann, der mit Wechsel-Spekulationen Millionen anhäufte. Was König Friedrich nicht sonderlich interessierte, solange preußische Belange außen vor blieben.

Schon als Kronprinz stand Friedrich mit dem älteren Dichterphilosophen in Briefkontakt und wünschte

Voltaire, um 1750.

sich diese Koryphäe an seinen Hof. Als Voltaires Lebensgefährtin Madame de Chatelet 1749 starb und der wieder einmal von der französischen Justiz verfolgte Dichter seine schützende Bleibe auf dem Schloss der Marquise verlor, nahm er Friedrichs Angebot an und traf am 10. Juli 1750 in Potsdam ein.

In den Jahren 1750 bis 1755 hatte der Potsdamer Hof seine Blüte; die Hofkultur mit Bällen, Konzerten, Opern und Dichterlesungen strahlte weit über Preußens Grenzen hinaus, zog Künstler wie Glücksritter an. Wenn der König nicht auf Inspektionsreisen oder bei Manövern war, zeigte er sich gern in Gesellschaft, erst recht, als Voltaire am Hof weilte.

Doch Friedrich und Voltaire glichen sich in zu vielen Charakterzügen, die Eitelkeit der beiden verdarb die Freundschaft. Im März 1753 verließ der hassgeliebte Voltaire wutschnaubend Preußen, und der ebenso wutschnaubende König sann auf Schikanen gegen den Untreuen. Soviel zur Einleitung für das nun Kommende und zurück nach Schloss Sanssouci, wo der Dichter quasi Tür an Tür mit dem König gelebt haben soll, folgt man Darstellungen der letzten hundert Jahre, die zahlreichen Illustrationen Menzels inbegriffen, und den gängigen Reiseführern. Dort finden wir das Voltairezimmer abgebildet, die Bildunterschrift lautet in achtzig Prozent der Fälle: »Hier wohnte und dichtete Voltaire.« Man berief und beruft sich dabei auf jenen Satz in einem Brief, den Voltaire am 15. Oktober seiner Nichte nach Frankreich schrieb: »... übrigens führe ich hier ein einsames und arbeitsames Leben, das sowohl meiner Gesundheit, wie meinen Studien ansteht. Von meinem Arbeitszimmer habe ich nur ein paar Schritte, um mit dem geistreichen Manne zur Nacht zu speisen.«

Der Friedrich-Biograph Venohr (1979) sieht Voltaire und Friedrich im »..täglichen Gespräch in Sanssouci.«

Um das Resümee vorwegzunehmen: Voltaire hat zu keiner Zeit im sogenannten Voltairezimmer von Schloss Sanssouci gewohnt, er hat gar nicht in diesem Schloss gewohnt und es auch nicht allzu häufig betreten.

Und wo wohnte er dann?

Voltaire bekam bei seiner Ankunft vom König den Kammerherrenschlüssel, hatte also bestimmte »Gesellschafteraufgaben« an der Tafel wahrzunehmen. Darüber hinaus sollte Voltaire den Dichtungen des Königs den letzten Schliff geben.

Bei seiner Ankunft in Potsdam am 10. Juli wohnte Voltaire zunächst in einem Gasthof, der König pendelte in jenem Monat wiederholt nach Berlin. Eine erste philosophische Tafelrunde mit Voltaire wurde am 15. Juli gehalten. Im August empfing der König viel hochherrschaftlichen Besuch, Familiengeburtstage wurden gefeiert. Neben Prinzen kam auch seine Schwester, die Markgräfin von Bayreuth. Wilhelmine wohnte zeitweise als eine der wenigen Frauen in Sanssouci. Voltaire bezog nun als Kammerherr eine kleine Wohnung im Potsdamer Stadtschloss, seine Zimmer lagen im Erdgeschoss unter den Appartements des Königs. Ruhe zum Arbeiten scheint er dort nicht gefunden zu haben, öfter beklagt er sich über das tägliche Exerzieren auf dem Schlossplatz, direkt vor seinem Fenster.

Im September 1750 hielt sich Friedrich nur sechs Tage in Sanssouci auf, vom 23. bis zum 27., wobei es zwei philosophische Tafelrunden unter anderen mit Rothenburg, La Mettrie, Keith und eben Voltaire gab. Von Oktober bis März 1751 war das Weinbergschloss nicht bewohnt, die Gesellschaften fanden im Stadtschloss, in Charlottenburg oder Berlin statt. Voltaire hatte sich in der Zeit ein privates Ausweichquartier vor den Toren Potsdams gesucht, das »Marquisat« genannte Landhaus, heute Zeppelinstraße 167/168. Dort wohnten auch sein Sekretär und der Diener. Ob Voltaire in jener Zeit nur im Marquisat und im Stadtschloss oder auch bei Freunden in und um Potsdam wohnte, ist nicht belegt. Als die Differenzen zwischen König und Dichter zu groß wurden, wich letzterer am 8. Dezember 1752 nach Ber-

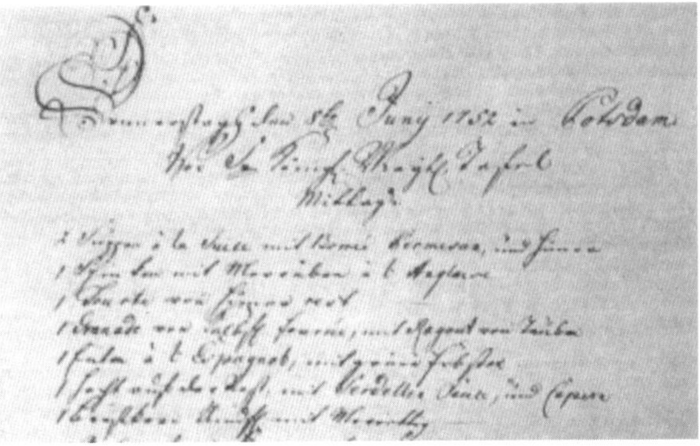

Speiseplan für die Tafel am 8. Juni 1752 in Sanssouci, Ausschnitt.

lin in die Taubenstraße 8 aus. Aber wir wollen nicht allzuweit vorgreifen, sondern suchen in den Quellen (Rödenbeck), wann sich der König 1751 und 1752 in Sanssouci aufhielt und zur Philosophentafel einlud.

Im Mai 1751 verbrachte König Friedrich zwölf Tage in Sanssouci, am 11. rief er Rothenburg und Voltaire. Im Juni bereiste der König dreiundzwanzig Tage seine Provinzen, im Juli wohnte er hauptsächlich in seinem Refugium, pendelte jedoch mehrmals nach Berlin. Am 31. Juli waren Maupertuis, La Mettrie, Rothenburg und Voltaire zur Tafel geladen. Im August hatte der König wie üblich Verwandte im Haus, der Herzog von Braunschweig wohnte in Sanssouci. Friedrich hielt sich in jenem Monat elf Tage dort auf. Am 4. August lud er Algarotti, Maupertuis und Voltaire zu sich. Im September 1751 wurde mindestens eine philosophische Runde gegeben. Man saß bis zum späten Abend bei gutem Essen. In der Regel wurde die Tafel vor

Mitternacht aufgehoben und die Gäste gingen, von ihren fackeltragenden Dienern begleitet, zu ihren Kutschen und fuhren in ihre Wohnungen zurück. Von Oktober 1751 bis April 1752 war das Schloss wieder unbewohnt. Am 10. und 11. April gab es eine Tafel im Stadtschloss mit Pöllnitz, Maupertuis, d'Argens, Algarotti und Voltaire. Am 8. Juni versammelten sich des Königs Gäste wieder im Weinbergschloss, der Speisezettel blieb erhalten, Voltaire ist darin seiner kulinarischen Vorlieben wegen erwähnt.

Betreten wir das vierte Gästezimmer von Sanssouci, jenes sogenannte Voltairezimmer, in dem nach schöner Mär der Dichter lebte. Gibt es vielleicht in oder an den Wandschränken noch irgendwelche Spuren, die von seinem Aufenthalt zeugen? Ritzzeichen, Karikaturen, Zettel mit Kürzeln, die als kostbare Kleinodien die Zeiten überstanden? Haben Historiker bei der letzten Restaurierung 1979 behutsam nach Schriftzügen am Paneel gesucht?

Vielleicht haben sie, allein die Realität ist stets nüchtern. Ganz abgesehen davon, dass Friedrich eisern an Standeskonventionen festhielt und sicher nicht einen bürgerlichen Dichter neben Mitglieder der königlichen Familie einquartierte, konnte Voltaire das nach ihm benannte Kleinod deutschen Rokokos mit den geschnitzten Papageien, hangelnden Affen, den pickenden Störchen und Fruchtkörben mit Birnen und Trauben gar nicht gekannt haben.

Der Grund ist aktenkundig belegt. Nach Anweisungen des Königs wurde dieses Gästezimmer seit Juni 1752 umgebaut. Friedrich hatte eine flüchtige

Skizze des Königs für ein Wandfeld des vierten Gästezimmers, um 1752.

Skizze für ein Wandfeld geliefert, und nur ein hochbegabter Innendekorateur wie Hoppenhaupt verstand des Königs Kürzel zu lesen und in konkrete Entwürfe umzusetzen. Das Gästezimmer wurde im Mai 1753 fertig und hieß fortan »Blumenzimmer«. Voltaire hatte Preußen jedoch schon im März verlassen.

Auffällig ist die Vielzahl der Irrtümer, Friedrich und sein Schloss betreffend. Was kein Zufall, sondern Ergebnis einer Inszenierung vor allem des neunzehnten Jahrhunderts ist. Friedrich wurde zu einer deutschen Nationalikone. Friedrich und Sanssouci wurden und werden als symbiotisch gesehen, ohne das eine funktioniert das andere nicht. Man hält Sanssouci für »...das Werk des Königs«. Wo nicht nur Schöngeistigkeit gepflegt, sondern auch Kriege geplant und verhindert wurden und wo »... das geformt wurde, was nun unser Deutsches Reich ist.« (v. Petersdorf).

Dass Sanssouci bis in unsere Tage als politische Ikone benutzt wird, zeigte der Besuch des amerikanischen Präsidenten Bill Clinton im Jahre 1998. Kanzler Kohls Wille war es, in Sanssouci mit Clinton Tafelrunde zu halten.

Friedrich nach der Schlacht bei Leuthen 1757.

11. *Friedrich habe den Siebenjährigen Krieg vom Zaun gebrochen*

»Selbst wenn schlesische Provinzen aufgegeben worden wären, hätte es den Krieg nicht verhindert, so er letztlich nicht jener Provinzen halber geführt wurde.«

Johann Eustach von Goertz (1737 bis 1821) schrieb den Satz mit brauner Tinte nach 1787 an den Rand einer der ersten Biographien über Friedrich II., nämlich Laveaux' »Vie de Frederic II«.

Wir können davon ausgehen, dass Goertz wusste, was er schrieb, zumal er es für sich und nicht für ein Publikum tat. Dabei war der Graf kein kritikloser Parteigänger des Königs. Nur wenigen ist sein Name noch geläufig. Goertz war bis 1775 Erzieher des Prinzen Carl August von Sachsen-Weimar, ein hochgebildeter, empfindsamer Mann, der Wieland

Graf Goertz.

nach Weimar holte und dem Justin Bertuch eine Bibliothek zusammenkaufte. Als der Einfluss von Goertz auf Carl August zu groß wurde und die Regentin Anna Amalia befürchtete, Goertz würde erster Minister werden, schob man ihn auf einen unbedeutenden Posten ab. Carl August holte dann Goethe an den Hof, mit dem Goertz nicht zurechtkam. So war er froh, als aus Potsdam die Einladung des Königs kam. Friedrich setzte Goertz in verschiedenen diplomatischen Missionen ein. Von 1780 bis 1786 hatte der Graf den wichtigsten Diplomatenposten Preußens inne, er war Gesandter in Petersburg. 1787 sollte er die Unruhen in Holland schlichten, die französische Revolution legte dann eine andere Gangart vor, mit dem Schlichten war es vorbei. Soviel zu jenem Mann, der zu erheblichem Anteil in Carl August den Sinn für Literatur, Theater und Kunst geweckt und damit den Boden der Weimarer Klassik bereitet hat, vielleicht sein wichtigster Verdienst. Den Siebenjährigen Krieg erlebte Goertz am Weimarer Hof. Die Regentin Anna Amalia, Nichte Friedrichs II., versuchte mit wenig Erfolg, ihr kleines Land aus dem Geschehen herauszuhalten. Friedrich verlangte regelmäßig Soldaten von ihr und genauso regelmäßig versteckte Anna Amalia die jungen Männer in den Wäldern. Der Hof musste sich einschränken, Goertz erlebte Einquartierungen und Plünderungen hautnah mit und konnte dem kriegerischen Treiben nichts Gutes abgewinnen.

Der Siebenjährige Krieg ist der erste Weltkrieg der Neuzeit gewesen. Österreich und Russland waren darin involviert, ebenso Frankreich, England, Schweden, Sachsen und natürlich Preußen. Die Schlachtfelder lagen in Kanada, Ostindien, Sachsen, Schlesien und Böhmen. Fast 300 000 Soldaten verloren in Europa ihr Leben, noch höher waren die Opfer unter der Zivilbevölkerung. Ganze Landstriche waren über Jahre ruiniert.

Schon zu Kriegszeiten wurde die Schuldfrage gestellt, und der Tenor von Paris, Wien, Dresden über Stockholm bis Petersburg zuzüglich etlicher Reichsfürsten war eindeutig: Friedrich von Preußen war Aggressor, »Friedensbrecher«, er wurde vom Papst und vom Reich verurteilt und in Acht und Bann geschlagen. Auf seinen Kopf wurde eine Prämie ausgesetzt, wir kennen das Prozedere aus unseren Tagen. Wäre man Friedrich, der immerhin den ersten und zweiten Schlesischen Krieg tatsächlich zu verantworten hatte, habhaft geworden, hätte man ihn vor ein Tribunal gestellt. Friedrichs einziger Verbündeter war England.

Die Autoren des neunzehnten Jahrhunderts (Carleyl und Ranke) bemühten sich, die Notlage Friedrichs herauszuarbeiten. Das europäische Festland stand 1756 in geschlossener Front gegen Preußen. Österreich hatte so lange Bündnisse geschmiedet, bis es an eine Wiedereroberung der schlesischen Provinzen denken konnte. Friedrich blieb, als ihm die Gefahr klar vor Augen stand, gar keine andere Wahl, als loszuschlagen, um sich gegen die drohende Einkesselung zu wehren. So argumentierten die Autoren. Denn die Pläne für Preußens Aufteilung waren längst beschlossen. Sachsen sollte Magdeburg, Halberstadt und den Saale-Raum mit Halle erhalten.

Im zwanzigsten Jahrhundert gingen amerikanische wie europäische Historiker eingedenk des Zweiten Weltkrieges härter mit Friedrich ins Gericht. Der englische Historiker Duffy resümierte 1985 zum Siebenjährigen Krieg: »Friedrich tritt als Haupturheber von Gewalt in Mitteleuropa zur Mitte des 18. Jahrhunderts in Erscheinung.« Der Militärhistoriker Groehler notierte 1980: »Die Ursachen des Siebenjährigen Krieges in Deutschland sind in der Raubpolitik Preußens während des österreichischen Erbfolgekrieges begründet.« Von diesem Satz merken wir uns die feine, aber bedeutsame Unterscheidung »in Deutschland«. Der Historiker Venohr nahm 1985 »die Russen als die Hauptkriegstreiber« in die Verantwortung.

Der Dreißigjährige Krieg war der letzte Glaubenskrieg in Deutschland. Was im achtzehnten Jahrhundert folgte und im Grunde bis heute anhält, sind Kriege um ökonomische Interessen. Krieg zu führen war damals ebenso wenig verpönt wie heute, wenn man auf der »richtigen Seite« zu stehen glaubt(e). Und die öffentliche Meinung zu Friedrichs Zeit war nicht weniger sensibel als die unsere. Zeitungen hingen den Kriegsgeschehnissen meist nicht länger als zwei Tage hinterher, Wochen- und Monatsschriften berichteten ausführlich. Wieviel dabei zusammengesponnen werden konnte, haben wir im Kapitel Trenck gesehen.

Friedrich Wilhelm hatte seinem thronfolgenden Sohn 1722 folgendes Selbstverständnis ins Stammbuch geschrieben: »Der Kurfürst Friedrich Wilhelm hat das rechte Flor und Aufnehmen in unser Haus gebracht, mein Vater hat die königliche Würde erworben, ich habe das Land und die Armee in Stand gesetzt, an Euch mein lieber Sukzessor ist, was Eure Vorfahren angefangen zu behaupten und die Praetentionen und neue Länder herbeizuschaffen, die unserem Hause von Gott und Rechts wegen zugehören.« Daraus folgerte der Historiker Schoeps (1966 und 1995): »Daran hat König Friedrich II. sich gehalten, deswegen hat er drei Schlesische Kriege geführt.«

Dieser Satz ist genauso interessant wie Groehlers feiner Unterschied, auf den wir schon hingewiesen haben. Wir fragen also: Wäre der Siebenjährige Krieg »in Deutschland« zu verhindern gewesen und war der Siebenjährige Krieg die Konsequenz des ersten und zweiten Schlesischen Krieges?

Wir zitieren noch einmal, was Graf Goertz an den Rand seines Buches geschrieben hat: »Selbst wenn Schlesische Provinzen aufgegeben worden wären, hätte es den Krieg nicht verhindert, so er letztlich nicht jener Provinzen halber geführt wurde.«

Weshalb wurde dann der Siebenjährige Krieg geführt?

Europas Staaten waren zur Mitte des achtzehnten Jahrhunderts relativ in der Balance. Die Großmächte achteten eifersüchtig darauf, dass ihnen mittlere Mächte nicht ins Gehege kamen. Große Land- und damit Ressourcengewinne waren in Europa nicht mehr zu machen. Aber genau danach strebten ehrgeizige Mächte wie Frankreich und England. Die einen hatten sich in Kanada festgesetzt, die anderen in Nordamerika, auch Indien war eine trächtige Kolonie. Städte wurden gegründet, der Handel wuchs und die Konkurrenz zwischen England und Frankreich auch. Zölle wurden erhoben, Schiffe gekapert, französische wie englische Siedler expandierten und beanspruchten die Flecken der anderen. Es gab Scharmützel, dann militärische Strafaktionen, begleitet von Greuelmeldungen in der Presse.

Die restlichen europäischen Höfe beobachteten genau und wussten, worauf es hinauslaufen musste: auf Krieg. Allianzen wurden von Petersburg über Stockholm bis Italien geschlossen, was selbstredend mit einer enormen Aufrüstung einherging. Festungen wurden ausgebaut, Militärhäfen und Depots angelegt. Die Diplomatie hatte keine Chance. Zwischen Frankreich und England galt grundsätzlich zu klären, wer über die unermesslichen Reichtümer in Amerika und Indien verfügte und wer die Vorherrschaft auf den Meeren hatte. Am 17. Mai 1755, eineinhalb Jahre vor Beginn des Siebenjährigen Krieges, erklärte Frankreich den Krieg an England. Seit dem Zeitpunkt lief der Kriegsautomatismus, wurden in den Kabinetten Europas Aufmarschpläne gezeichnet und Verpflegungsposten angelegt. Es galt nicht nur, den richtigen Beistandspakt zu unterzeichnen, die Höfe hatten auch noch alte Rechnungen zu begleichen. Österreich wollte Schlesien wieder haben. Süddeutsche Kleinfürsten schielten auf Vergrößerung. Frankreich spekulierte auf linksrheinische Gebiete, Schweden wollte seine norddeutschen Besitzungen vergrößern, Russland begehrte die türkische Krim und baltische Länder. England war das Festland fast egal, es musste nur sein Hannover vor den Franzosen schützen. Weshalb ein Bündnis mit Friedrich zustande kam.

Wie hätte unter diesen Voraussetzungen der Krieg »in Deutschland« verhindert werden können? Der Krieg war von den Großmächten gewollt, es ging um die grundsätzliche Neuordnung von Einflusssphären. Der einzige, der ihn nicht wollte, war Friedrich, weil er alles verlieren, jedoch nichts gewinnen konnte. Selbst die marxistische Historikerin Mittenzwei räumt das in ihrer Friedrich-Biographie von 1979 ein: »Diesen Krieg hätte der Mo-

Schlachtszene, Friedrich vorne reitend.

narch sicher gern vermieden.« Allerdings hatte Preußen weder die Kraft noch die Bedeutung, sich aus dem Konflikt herauszuhalten oder ihn zu verhindern.

Es gibt noch einen tiefer liegenden Grund, weshalb es auch ohne Friedrichs Einmarsch in Sachsen im Herbst 1756, der als Kriegsbeginn gilt, zu diesem Krieg kommen musste. Joseph Richter schrieb dazu 1787: »Man hätte diese Streitigkeiten beym Aachener Friede beylegen können, allein man übereilte sich bey diesem Friedensschluß so sehr, als bey dem vorhergehenden, und merkte blos an, daß man Kommissäre ernennen wolle, die diese Angelegenheit berichtigen sollten. Die Kommissäre arbeiteten vergebens an einem Vergleich. Die Gemüther erbitterten sich nach und nach so sehr gegeneinander, daß im Jahre 1754 der Krieg zwischen Engelland und Frankreich unvermeidlich schien.« Wir werden nun keine detaillierte Analyse des Aachener Friedens von 1748 vornehmen, nur soviel: Er beendete den sogenannten Österreichischen Erbfolgekrieg. Preußen wurden in diesem Vertrag die erbeuteten schlesischen Provinzen bestätigt, auch anderen Mächten wurden Ansprüche zuerkannt, aber es wurden keine offenen Fragen zwischen England und Frankreich geklärt.

Einziger Gewinner beim Friedensschluss von Hubertusburg 1763 war letztlich England. Frankreich verlor seine Überseeprovinzen und war so gut wie bankrott. Österreich verlor Schlesien erneut an Preußen. Sachsen, Schweden und Polen fielen in die politische Bedeutungslosigkeit zurück und Russland gewann weder neue Provinzen noch erhielt es Entschädigungszahlungen.

Blick vom Klausberg auf das Neue Palais und die Communs, 1775.

12. *Friedrich habe das Neue Palais im Park von Sanssouci gebaut, um seinen Gegnern Stärke zu demonstrieren*

Ein Sonntag im Oktober. Wir sind seit dem Vormittag im Park von Sanssouci unterwegs, haben an der großen Fontäne gestanden, danach die Blattfärbungen vom Affenbrotbaum am Chinesischen Teehaus besichtigt, nach den Sumpfzypressen mit ihren aus der Erde wachsenden Wurzeln gesehen, wir haben den traurigen Zustand des Antikentempels bedauert und freuen uns auf das wiedereröffnete Belvedere auf dem Klausberg, Opfer eines Bombentreffers 1945. Zuvor machen wir einen Schwenk zum Neuen Palais. Hineingehen wollen wir nicht mehr, Kaffee und Kuchen im nahen Mövenpick sind uns jetzt lieber, sitzen aber der Sonne wegen noch im Rasenparterre vor dem Schloss. Der Besucherstrom auf den Wegen ist beachtlich. Die Damen und Herren einer Reisegruppe scharen sich um ihre Führerin. Sie erzählt von der Baugeschichte des Schlosses und dass man im Gebäude Filzpantoffeln noch aus der Ostzeit tragen wird. Mitleidiges Gelächter. Sie erzählt, dass es dem Schloss schlecht geht, und Geld für die dringend notwendige Sanierung des riesigen Baus fehlt. Erst dann könne man sich einen Eindruck von der wahren Pracht dieses Schlosses machen, das Friedrich allerdings nur erbauen ließ, um seinen vielen Feinden Macht zu demonstrieren. Denn wer die Unsummen für so eine Anlage gleich nach dem Siebenjährigen Krieg flüssig hatte, musste über sagenhafte Mittel verfügen. Tatsächlich gebraucht habe der König das Schloss überhaupt nicht. Von den Herrschaften kommen zaghafte Einwände: Fritze sei doch alles andere als ein Verschwender gewesen, det weeß doch jedes Schulkind.

Die Reiseleiterin ist unerbittlich: Haben Sie eine Ahnung, für seine Sänger und Tänzer hat der König ein Vermögen rausgeschmissen.

Noch ein Versuch des Widerspruchs: Aber der König hatte doch eine Wohnung im Palais.

Aber er wohnte nie darin, niemand wohnte darin, sagt die Dame.

Wir lehnen uns zurück, genießen die Sonne und überlassen die Reisegruppe ihrem Schicksal. Kinder toben auf dem Rasen, ein Dackel hetzt hinterher. Die Reisegruppe verschwindet im Palais, die Führerin wird die bestellten Eintrittskarten abholen, und die Gruppe wird die sogenannte Friedrichswohnung im Palais besichtigen. Wo der König nie gewohnt hat. Man wird jetzt Filzpantoffeln überziehen und in das erste Vorzimmer eintreten. Wir kennen den Geruch dieser Gemächer gut: etwas Zimt, Weihrauch und muffiger Stoff. Im zweiten Vorzimmer wird die Führerin auf die Meissener Schneeballvasen hinweisen, Kriegsbeute aus dem Siebenjährigen Krieg und von Oberst Icilius eingetrieben. Was wird über das dritte Zimmer in Friedrichs Wohnung gesagt werden? Sein Konzertzimmer, mit Friedrichs Flöte, seinem Notenpult, den von versilbertem Schnitzwerk verdeckten Wandschränken? Wir stellen uns vor, wie der König dort die Quantzschen Konzerte spielte, danach saß man noch zusammen. Der König mit Marquis d'Argens, der nie laut redete, verhalten lachte, besonnene Bewegungen bevorzugte und schreckgroße Augen bekam, wenn ihn der König wegen angeblicher Hautflecken aufzog, denn der Marquis war leidenschaftlicher Hypochonder. An den späteren Tafeln, die längst nicht mehr so karätig besetzt waren wie vor dem Krieg, saß auch der Oberst Icilius. Er gab sich streitlustig, hielt mit seiner Meinung gegen die des Königs und verstummte erst, wenn Friedrich ihn persönlich beleidigte, weil ihm die Argumente ausgingen. Die Dienerschaftsglocke wird öfter geklungen haben, Wein und Obst wird aufgetragen worden sein, und wurde Abendtafel gehalten, brachten die Lakaien das Essen aus der nahegelegenen Küche. Damit es unterwegs nicht abkühlte, gab es silberne und porzellanene Wärmeglocken.

Was wird die Expertin ihren Touristen im Schlafzimmer des Königs sagen, wenn einer nach Friedrichs Nachtstuhl fragt? Ob er erhalten ist, wo er gestanden hat? Und sein Waschgeschirr?

»Unmittelbar nach dem Siebenjährigen Krieg«, heißt es bei Dollinger (1986 und 1995), »ließ Friedrich

II. das Neue Palais bauen, um der Welt zu beweisen, daß Preußen trotz schwerer Kriegslasten noch nicht am Ende seiner Kräfte war«.

Bei Mittenzwei heißt es: »Friedrich hatte in den schweren Nachkriegsjahren das Neue Palais mit einem hohen Kostenaufwand bauen lassen, es diente aber nur Repräsentationszwecken«.

Bei Cyrann lesen wir (1958): »War es wieder sein Trotz, der Welt zu zeigen, daß seine Kassen noch lange nicht erschöpft seien, gerade jetzt, nach dem großen Krieg, den Plan des riesigen Palastes hervorzuholen? Ja, es schien, als wolle sich der gealterte, verbitterte Mann mit dieser »Fanfaronnada« noch einmal mit Gewalt in die Welt der Schönheit zurückversetzen. Als wolle er für sein Preußen nun erst recht erzwingen, was die Jahrhunderte zuvor anderen Ländern in den Schoß geworfen hatten.«

Potsdam »Alter Markt«, 1772, Stich von Krüger.

Uns erstaunt, wie wenig jene Autoren von der friderizianischen Zeit wissen. Die Behauptung, der Bau des Palais wäre eine Sinnlosigkeit und Geldverschwendung gewesen, ist symptomatisch für den fehlenden Blick auf das Ganze.

1748, Sanssouci war bezogen, der zweite Schlesische Krieg beendet, Friedrich hatte sich die erwünschte Anerkennung anderer Höfe verschafft, er wurde bestaunt und man schaute genau hin nach Preußen. Der König widmete sich der Wirtschaft, kaufte Gemälde. Neugierige aus aller Herren Länder zog es nach Berlin und Potsdam, wo so viele Kutschen fuhren wie heute Taxen in einer mittelgroßen Stadt. Oper, Ballett und Theater lockten vom Adel bis zu den selbstbewussten Handwerkern das Publikum an, immer neue Truppen versuchten ihr Glück in Preußen. Der Buchhandel blühte und die Stoffmanufakturen, Bürger bauten sich staatlich subventionierte Häuser, Adlige ließen ein Palais nach dem anderen entstehen. Die Staatseinnahmen stiegen, der Außenhandel warf durch Webereien Gewinne ab.

Friedrichs Familie wuchs durch weitere Verheiratungen, und wenn er von Angehörigen, Diplomaten oder Militärs besucht wurde, kamen nicht zwei oder drei Herrschaften in der Postkutsche, sondern deren kompletter Hofstaat mit Dutzenden Angestellten, Equipagen mit Reisebetten, Reisetischen und Reisesilber inbegriffen. Selbstverständlich hatten Friedrichs Gäste Anspruch auf standesgemäßes Quartier. Und genau daran fehlte es allenthalben. Im ohnehin engen Potsdamer Stadtschloss wurde bis 1754 gebaut. Gästewohnungen wurden eingerichtet, aber für die Mehrzahl der besuchenden

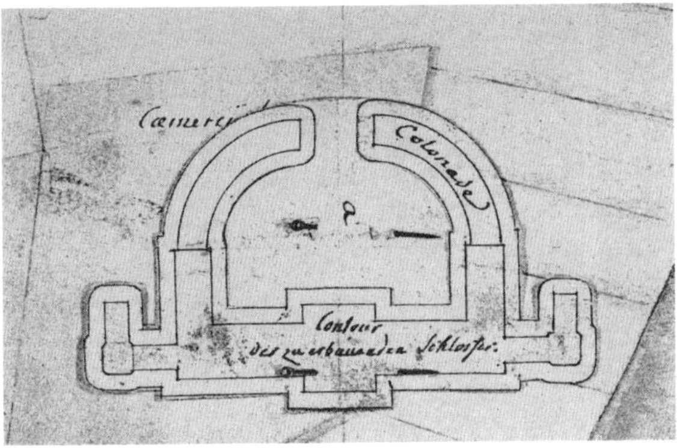

Grundriß für das Neue Schloss, 1754.

Hoheiten war es sehr eng. Schloss Charlottenburg lag eine Tagesreise entfernt, das Berliner Stadtschloss akzeptierte der König weder für sich noch für seine Gäste. Er hielt sich dort nur auf, wenn er es musste. Die Notwendigkeit eines angemessenen Gästeschlosses hatte Friedrich bereits 1748 erkannt. Sein Baumeister Knobelsdorff entwarf erste Varianten. Aus dem Jahr 1754 gibt es konkrete Bauzeichnungen zum Neuen Schloss.

Aus jener Zeit stammen auch erhalten gebliebene Entwürfe Hoppenhaupts für die Innenausstattung, etwa für die Blaue Kammer, für des Königs Konzertzimmer, für die Jagdkammer und das obere Konzertzimmer. Diese Gemächer wurden nach dem Siebenjährigen Krieg genau so ausgeführt, wie sie vor dem Krieg geplant waren.

1755 stellte der König das Geld für den Neubau bereit. Der Baubeginn verzögerte sich dann wegen der außenpolitischen Situation. Frankreich hatte

England den Krieg erklärt, und Friedrich hielt sein Geld beisammen. Dem Friedensschluss vom Februar 1763 folgte der Baubeginn im Mai 1763. Bereits zwei Jahre später war des Königs Wohnung im Palais bezugsfertig, was nur möglich war, weil das enorme Bauvorhaben über viele Jahre nicht nur bautechnisch, sondern auch logistisch vorbereitet war.

Im Neuen Palais wurden mehrere Gästewohnungen mit separaten Treppenhäusern eingerichtet, so für den Thronfolger und seine Gemahlin, für Prinz Heinrich und dessen Frau und für den Herzog von Braunschweig. Es gibt ein eigenes Theater, Gesellschaftsräume und zwei große Säle. Wegen der Vielzahl der Gäste ließ Friedrich hinter dem Palais die Communs errichten, wo Küche, Weinkeller und Möbelfundus untergebracht waren, aber auch Bediente und Kavaliere zweiter Klasse. Nötig wurden auch ein Kastellanhaus, eine Remise und eine Schlosswache. Damit die Gäste den schönen Blick vom Klausberg genießen konnten, ließ Friedrich dort das Belvedere mit zwei Gesellschaftssälen darin errichten. Der Park wurde erweitert, man errichtete neue Trailagemauern und Treibhäuser für Obst, das den Gästen dann zur Verfügung stand. Aber auch mit diesem quasi autarken Schlossbezirk war die Platznot für Herrschaften nicht behoben, und Friedrich ließ 1775 die Orangerie neben seinem Weinbergschloss zum Gästehaus, den Neuen Kammern, umbauen.

Neues Palais, Mittelrisalit, 1756.

13. *Friedrich habe das Neue Palais nicht bewohnt*

Die Sonne versinkt hinter den hohen Buchen, der Boden wird kühl, wir verlassen das Rasenparterre und stöbern noch im Museumsshop. Neben den stets brauchbaren stiftungseigenen Heften der Reihe

»PORTIKUS« liegt ein Taschenbuch mit dem Titel »Potsdam Literarische Spaziergänge«. Im Anhang wird auf interessante Quellen verwiesen, Grund genug, das Buch zu kaufen. Im Mövenpick ist Gelegenheit, darin zu lesen. Natürlich ist auch vom Neuen Palais die Rede. So allerdings, wie der Autor (Joachim Klicker, 2003) darüber schreibt, muss er es nicht besonders mögen: »Bewohnt hat übrigens der Bauherr selbst sein prahlerisches Gesamtkunstwerk nie. Er überließ das Neue Palais vielen seiner Gäste als Luxusquartier, den Hofbeamten zur Inszenierung feierlicher politischer Ereignisse oder großer Hofbälle und den folgenden Generationen als gewaltigen Klotz am Bein.«

Einen Klotz am Bein sollte man beizeiten loswerden, er kann sonst zu Hüftschäden, Gelenkschmerzen oder Rückgratverkrümmung führen. Sollte man nicht mit dem Palais so verfahren, wie seinerzeit die allzu gestrengen Kommunisten mit dem Berliner oder Potsdamer Stadtschloss?

Tabula rasa. Platz für Autos oder eine Eigenheimsiedlung. Zumal der König »nie« im Schloss wohnte, der »Klotz« also keine unmittelbaren Bezüge zu ihm liefert.

Der Leser weiß längst, was kommen muss: Natürlich hat Friedrich im Neuen Palais gelebt, nicht nur Tage, sondern immer wieder Wochen, und das bis zu seinem Tode. Friedrich hielt im Palais Tafel für Verwandte, Minister und Offiziere, gab Konzerte, er dichtete in seinen Gemächern und besuchte das Theater im Schloss. Was seit Friedrichs Zeit durch erstklassige Quellen wunderbar belegt ist.

Der Irrtum, Friedrich habe nie das Palais bewohnt, ist allerdings keine Erfindung des Herrn

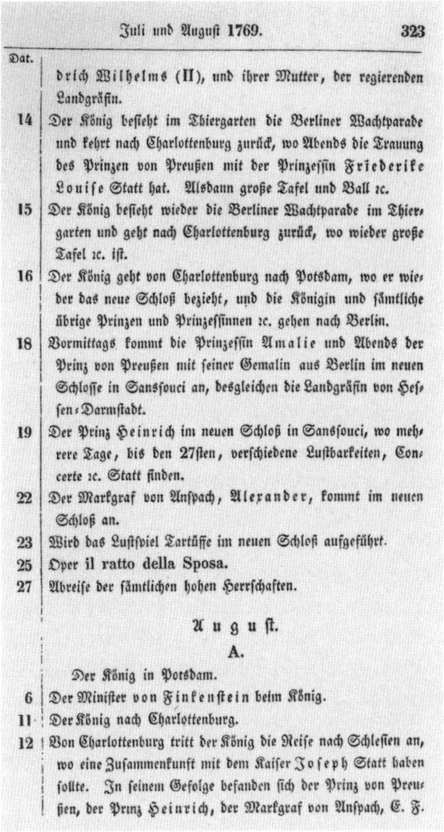

Juli und August 1769. 323

Dat.

drich Wilhelms (II), und ihrer Mutter, der regierenden Landgräfin.

14 Der König besieht im Thiergarten die Berliner Wachtparade und kehrt nach Charlottenburg zurück, wo Abends die Trauung des Prinzen von Preußen mit der Prinzessin Friederike Louise Statt hat. Alsdann große Tafel und Ball ꝛc.

15 Der König besieht wieder die Berliner Wachtparade im Thiergarten und geht nach Charlottenburg zurück, wo wieder große Tafel ꝛc. ist.

16 Der König geht von Charlottenburg nach Potsdam, wo er wieder das neue Schloß bezieht, und die Königin und sämtliche übrige Prinzen und Prinzessinnen ꝛc. gehen nach Berlin.

18 Vormittags kommt die Prinzessin Amalie und Abends der Prinz von Preußen mit seiner Gemalin aus Berlin im neuen Schlosse in Sanssouci an, desgleichen die Landgräfin von Hessen-Darmstadt.

19 Der Prinz Heinrich im neuen Schloß in Sanssouci, wo mehrere Tage, bis den 27sten, verschiedene Lustbarkeiten, Concerte ꝛc. Statt finden.

22 Der Markgraf von Anspach, Alexander, kommt im neuen Schloß an.

23 Wird das Lustspiel Tartüffe im neuen Schloß aufgeführt.

25 Oper il ratto della Sposa.

27 Abreise der sämtlichen hohen Herrschaften.

August.

A.

Der König in Potsdam.

6 Der Minister von Finkenstein beim König.

11 Der König nach Charlottenburg.

12 Von Charlottenburg tritt der König die Reise nach Schlesien an, wo eine Zusammenkunft mit dem Kaiser Joseph Statt haben sollte. In seinem Gefolge befanden sich der Prinz von Preußen, der Prinz Heinrich, der Markgraf von Anspach, C. F.

Rödenbeck, Einträge zum Juli 1768.

Klicker. Er taucht in verschiedenen Abhandlungen über den König auf.

Nun zu den Tatsachen: Eine authentische Quelle über das Neue Palais und dessen Bewohner stammt von einem der Palaisbaumeister, nämlich Heinrich Ludwig Manger. Seine »Baugeschichte von Potsdam und Berlin« erschien 1789. Wem diese Ausgabe zu teuer ist, dem sei der Reprint von 1987 empfohlen (Reclam, Leipzig).

Manger beschreibt das Baugeschehen am Palais vom ersten Tag an: »Der König hatte Bühringen befohlen: das neue Schloß zweihundert Fuß hinter dem Zaun des Rehgartens abzustecken. Am zehnten May kam der König an diesen Ort, wo Manger noch mit Abstecken beschäftigt war. Er fand sogleich, daß man ihn unrecht verstanden hätte, und daß das Gebäude weiter zurück müßte. Er zählte selbst zweihundert Schritte vom Rehgarten ab und gab noch etwas mehreres zu, wohin die Vorderseite des Risalites kommen sollte.«

Friedrich kontrollierte den Fortgang der Arbeiten am Palais mit Argusaugen. Im Juni 1763 kam er unangemeldet vorbei: »... und war sehr ungnädig, daß mit dem Fundamente so hoch über dem Boden gegangen wäre, befahl daher ernstlich, daß sogleich wiederum drey Fuß davon abgetragen werden sollten.«

Man hatte ignoriert, dass Friedrich für seine Bauten kein Sockelgeschoss unter den Füßen haben wollte, weil er dann nicht ebenerdig in den Garten gehen konnte. Man ignorierte auch, dass Friedrich keine Zugluft in seinen Räumen mochte. Er befahl daher, die in Schlössern übliche Raumflucht (en filade) in seiner zukünftigen Wohnung zu ändern. Bei Manger heißt es dazu: »Der Winter blieb gelinde, so daß ohne Aussetzen fortgearbeitet werden konnte. Es kam also noch in diesem Jahre der angefangene kleine Flügel und dessen Rückflügel unter Dach, daher bereits im December verschiedene Wände, Kamine und Nischen verändert werden konnten, die nicht nach dem Sinne des Königs waren. Hauptsächlich mußten die Türzargen, welche in einer Linie (en filade) gestellt waren, wieder herausgenommen und so eingesetzt werden, daß sie nicht einander trafen, um auf solche Weise das Durchstreichen oder den Zug der Luft zu verhindern.« Manger berichtet noch von weiteren Eingriffen des Königs, von konkreten Änderungswünschen etwa am Dekor seiner Gemächer. Und das alles, um nie darin zu wohnen?

1765 war der südliche Seitenflügel mit der Königswohnung fertig, die Möbel für den König wurden an die zuvor bestimmten Plätze gebracht, Leuchter aufgehängt, Gemälde an die Wände gehängt, Porzellane auf Konsolen und Kamine gestellt, Fußtapeten, so nannte man damals die Teppiche, ausgelegt. Der größte Teil der Einrichtung aus jener Zeit ist bis in unsere Tage erhalten, einschließlich der Wandbespannung in zwei Räumen, was ausgesprochen selten ist. Manger schreibt: »Das ganze Meublement allhier war schon so zeitig, daß der König bereits früh im Herbst sich des Nachmittags allda aufhalten und nebst seiner Begleitung Kaffee trinken konnte.« Obwohl vom eigentlichen Hauptbau nur rohe Außenmauern standen, statt Statuen Kiesberge und Steine, statt Rabatten Teer und Hölzer zu sehen waren. Friedrich mochte seine Wohnung im Neuen Schloss. Er fieberte ihrem Bezug entgegen. Am 19. Juli 1768, das Schloss war noch immer nicht komplett fertig, feierte der König die Einweihung. Bei Rödenbeck heißt es: »Das neue

Schloss in Sanssouci, welches der König, obgleich es noch nicht ganz ausgebaut war, beziehen wollte, wird eingeweiht und darin zum ersten Male das Oratorium La Conversione nach Hasses Composition aufgeführt.«

»23. Juli 1768; Prinz Heinrich und die Prinzessin Amalia beziehen ebenfalls das neue Schloß.«

Dort feierte man mit König und Hofstaat bis zum 5. August, dann fuhr Friedrich zur Inspektion nach Schlesien. Am 12. August kam er zurück.

»14. August 1768; Ankunft des Königs in Potsdam, wo er sogleich das neue Schloß wieder bezieht.« Dort blieb Friedrich bis in den Oktober.

Wenn der vorhin zitierte Autor vielleicht meint, der König habe nach 1768 seine Euphorie über das Palais verloren und danach nie wieder dort gewohnt, so sei mir erlaubt, weiter Rödenbeck zu zitieren.

»16. Juli 1769; Der König geht von Charlottenburg nach Potsdam, wo er wieder das neue Schloß bezieht«.

»18. Juli; Vormittags kommt die Prinzessin Amalia und Abends der Prinz von Preußen mit seiner Gemahlin aus Berlin im neuen Schloß an, desgleichen die Landgräfin von Hessen-Darmstadt.«

»19. Juli; Der Prinz Heinrich im neuen Schloß, wo mehrere Tage, bis den 23. verschiedene Lustbarkeiten, Concerte pp. stat finden.«

Beim Baron von Diebitsch, der Friedrich nach dem Siebenjährigen Krieg einige Zeit begleitete, heißt es: «Mehrmals bezogen Se. Majestät in dem Monat Juli das neue Palais, besonders um daselbst den Besuch königlicher Geschwister oder anderer hohen fürstlichen Personen zu empfangen.«

Vom 22. April 1771 an wohnte Friedrich mit dem

schwedischen König im Palais, ein Jahr später empfing er dort seine Schwester Ulrike, Königin von Schweden. Seit dem Herbst 1770 hielt der König im Palais regelmäßig die mehrtägigen Generalstafeln und Ministerkonferenzen ab. Der König wohnte nicht nur dort, er regierte auch im Palais.

Das Gedeck im Mövenpick war ausgezeichnet. Im Ärger über das gerade gekaufte Buch fällt für den Verfasser desselben noch ein Monolog über Verschwendung ab, womit auch das Palais gemeint ist. Wo glaubt denn Herr Klicker, ist die europäische Zivilisation entstanden? In Bauernhütten oder in den Stuben bescheiden lebender Ackerbürger? Allgemeingültige Gesetze, die Schulpflicht, der universitäre Betrieb, Krankenhäuser, Waisenheime, die Armenversorgung gehen auf höfische Lebensformen, also Verschwendung zurück, so wie das Essen mit Messer und Gabel, das Klopfen an der Tür oder eine höfliche Anrede. Wie es um das Allgemeinwohl steht, wenn ein Staat kein Geld mehr zum Verschwenden hat, sehen wir bei uns. Wo »verschwendet« werden müsste, bei der Altenbetreuung, Bildung, Forschung, kinderfreundlichen Bedingungen, wird gespart. Von Leibniz bis Goethe, um nur bei den Deutschen zu bleiben, gäbe es keine Philosophen und Dichter, von Heinrich Schütz bis Beethoven keine Komponisten, von Humboldt bis Freiherr vom Stein gäbe es keine Gelehrten und Staatsrechtler, weil diese Leute von der »Verschwendungssucht« der Herrschaften abhängig waren.

Übrigens: Beim Bau des Neuen Palais standen hunderte von Tagelöhnern über Jahre in Lohn und Brot.

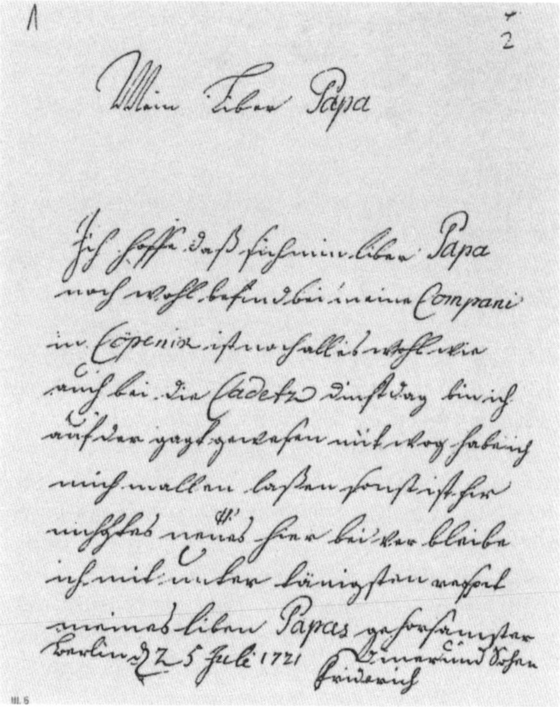

Mein lieber Papa.
Brief des neunjährigen Friedrich vom 25. Juli 1721.

14. *Friedrich habe deutsch weder sprechen noch schreiben können*

Wir lassen die Suchmaschine des Computers für uns arbeiten, geben bei Google Friedrich II. von Preußen ein und erhalten, wie nicht anders zu erwarten, über 4 000 Einträge. Die wir nicht alle durchsehen. Was jedoch angehende Historiker, Philosophen und Rechtsgelehrte einander zum Thema Friedrich mitteilen, ist schon erstaunlich. Von Friedrich dem Analphabeten bis zum tierquälenden König sind so ziemlich alle denkbaren Blödheiten dort vertreten.

Friedrich habe also deutsch weder sprechen noch schreiben können. Zitieren wir als Probe aufs Exempel aus einem Brief des Königs an seinen Kammerdiener Fredersdorff vom 7. März 1747: »Ich habe gestern die Lauffende hemeroiden gekriegt, weillen es aber nach einem Clistir wahr, so weis ich nicht, ob es nicht daher kömt, daß das Röhrchen was durchgestoßen hat. Ich befinde mir doch besser, heute lauffen sie nicht mehr.« Abgesehen von der nüchternen Darstellung eines königlichen Alltags stellen wir fest: Der Text hat Melodie. In zwei Sätzen erfahren wir, wofür Thomas Mann zehn Seiten braucht. Und Friedrich schrieb deutsch. Gerüchte, wonach er dieser Sprache nicht mächtig gewesen sei, wurden und werden vor allem in jenen Gegenden gepflegt, in denen man Preußen im Allgemeinen und Friedrich im Besonderen nicht wohlgesonnen ist.

Schauen wir auf einen Brief des neunjährigen Friedrich, fällt auf, wie flüssig und elegant der Prinz schrieb. Orthographie und Grammatik entsprechen dem Wissen eines Dreizehnjährigen. Die Frage muss also lauten, bei wem lernte der Prinz so gut deutsch schreiben?

Mit seinem vierten Lebensjahr begann für Friedrich der Unterricht. Hilmar Curas, Lehrer der Stadtschule, brachte ihm Lesen und Schreiben bei. Es gab regelmäßige Diktate, und Friedrich hatte zu Bibelthemen Aufsätze zu schreiben. Natürlich in deut-

Friedrich, wie er in seinem 14. Lebensjahr Wache steht, 1726.

scher Sprache. Friedrich genoss keine elitäre, sondern eine in den Augen des Vaters solide Bildung. Dazu gehörten natürlich Tanzen, Reiten, Schießen und Wache stehen, als Teil der Disziplinierung. Die Amtssprache in Preußen war Deutsch. Der größte Teil seiner Kabinettsordern ist in dieser Sprache verfasst. Wenn Friedrich auf Inspektionsreisen ging, sprach er deutsch mit den Amtsvorstehern, Pfarrern, Lehrern, Getreidehändlern, mit den Regimentschefs und Soldaten. Seine Randbemerkungen haben zu Recht Berühmtheit erlangt und zeigen des Königs Denk- und Arbeitsweise. Friedrich erfasste das Problem meist präzise und antwortete ebenso, zumeist mit einem Schuss Ironie. Ein Offizier musste einhundert Taler Strafe zahlen, weil er einen Hirsch im königlichen Forst geschossen hatte. Er bat den König um Gnade. Friedrich, der nichts von Jagden hielt, schrieb an den Rand: »Hat nichts zu sagen, für den Preis stehn mehr Hirsche zu Diensten.«

Bleibt noch zu bemerken, dass Friedrich Berliner Dialekt gesprochen hat, häufig verwendete er Worte wie »mank« für darunter, »Schlüngel« für Schlingel, »würklich« statt wirklich, »stünkend« statt stinkend, »Gebürge« statt Gebirge usf. Der Berliner bildet das i gern nach ü um, und sagt wie Friedrich statt Kirche »Kürche«. Natürlich verwechselte der König mir und mich.

Deutsch sprach Friedrich auch bei den obligaten Minister- und Generalsrevuen, französisch dagegen, wenn das offizielle Hofzeremoniell galt, also wenn Fürsten, Diplomaten oder Verwandte zu Besuch kamen, wenn er an seiner Tafelrunde saß, die Oper aufsuchte, Bälle und Maskeraden eröffnete. Französisch schrieb er seine geliebten Verse.

15. *Friedrich habe die deutsche Sprache verachtet*

Es sind keine Unbekannten, die sich zu Wort melden, man kann davon ausgehen, dass sie wissen, was sie sagen. Sebastian Haffner und Rudolf Augstein meinen, Friedrich II. habe die deutsche Sprache »überhaupt nicht geschätzt«, gar »verachtet«. Cyrill (1985) weiß über des Königs Bibliothek: »Natürlich befand sich kein deutsches Buch unter all diesen Bänden.« Wolf Jobst Siedler (1992) schreibt, dass »Friedrich keine Zeile deutscher Dichter las«.

Volkes Meinung nimmt von allem etwas auf und kommt zum Schluss, dass Friedrich mit seiner Muttersprache auf Kriegsfuß gestanden haben muss.

Der Prinz beherrschte die deutsche Sprache als Fünfzehnjähriger besser als in späterer Zeit. Französisch lernte er nebenbei im täglichen Umgang mit dem Hofpersonal. Die Sprache gefiel Friedrich schon deshalb, weil sein Vater auf deutsch die Familie beschimpfte. Des Königs Verbalinjurien standen denen seiner Kutscher in nichts nach. Seine Frau nannte der König »Fickchen«. Der Prinz lehnte den Vater ob seiner groben Sitten, Sprache und Brutalität ab. Der Vater lehnte den in seinen Augen verweichlichten Prinzen, diesen »effemierten Kerl« ab. Weshalb Friedrich noch eifriger Französisch lernte, Pariser Kleidung trug und sich der Flöte verschrieb. Als Friedrich Wilhelm hinter das heimliche Treiben seines Sohnes kam, war das Strafgericht entsprechend. Friedrich verlor alles, worin er sich flüchtete: Bücher, Kleidung, Flöte. Das Begehren nach diesen Dingen konnte der Vater ihm nicht austreiben, versuchte es aber. Um ihn zum rechten Mann zu machen, der hören sollte, wie gesprochen wurde, hatte

208 September 1779.

Dat.

ein bisgen abgekürzt, und das lateinische nach den Autoribus classicis; muß mit den jungen Leuten durchgegangen werden, und so müssen sie unterrichtet werden, und die Lehrer und Professores, müssen das lateinische durchaus wissen, so wie auch das Griechische, das sind die wesentlichste Stücken mit, daß sie das den jungen Leuten recht gründlich beibringen können, und die leichteste Methode dazu ausfündig zu machen wissen: Ihr müsset daher, mit der Schuhl-Verbesserung in den großen Städten, als Königsberg, Stettin, Berlin, Breslau, Magdeburg ꝛc. zuerst anfangen: Auch ist die Elisabeth-Schuhle zu Breslau, wo junge Leute gezogen werden, die hernach zu Schuhlmeisters genommen werden können: bei den kleinen Schuhlen muß erst angefangen werden, denn da wird der Grund gelegt, die jungen Leute mögen hiernächst auf einen Juristen, Professor, Secretair, oder was es ist studiren, so müssen sie das alles, auch lateinisch wissen: Eine gute teutsche Grammatic, die die beste ist, muß auch bei den Schuhlen gebraucht werden, Es sei nun die Gotschedsche oder eine andere, die zum Besten ist:

Von großen Nutzen würde es sein, wenn die jungen Leute, so in einem Schuhlhause beständig beysammen wären, wofür die Eltern was gewisses bezahlten, so würden sie weit mehr lernen, als wenn sie zu Hause sind, wo sie die Eltern nur herum lauffen lassen: Wie im Joachimsthal, da können sie gut studiren, da sind sie immer bei einander: die rhetoric und logic ist für alle Stände, alle Menschen haben sie gleich nöthig, nur muß die methode des Unterrichts ein bisgen reformiret werden, damit die jungen Leute besser lernen: Und wenn ein Lehrer oder Professor, darin sich hervorthut, so muß man denn sehen, wie man dergleichen Lehrer auf irgend eine Arth avantagiret, daß sie aufgemuntert und die andern gereitzet werden, sich auch zu befleißigen, daß sie nicht so grob sind: die Autores classici müssen auch alle ins teutsche übersetzet werden, damit die jungen Leute eine

Aus einem Erlaß Friedrichs II. zur Deutschen Sprachpflege vom 5. September 1779.

der halbwüchsige Friedrich im Tabakscollegium seines Vaters zu erscheinen. Gesprochen wurde dort in einer Mischung aus klarem Lutherdeutsch, konfusem Advokatendeutsch mit lateinischen und französischen Einsprengseln und Berliner Slang. Damit Friedrich die »weibischen Allüren« vergingen, stellte der König selbst den prinzlichen Tages- und Schulpan auf. Da hatte dann der Franzose Duhan seinem Schüler Akten aus dem Schlossarchiv vorzulegen, und mit Hilfe dieser Akten sollte Friedrich sein Deutsch verbessern: »Nachdem nun die tägliche Erfahrung zeigt, daß die gedachte Krone Frankreich das heutige Römische Reich, unser geliebtes Vaterland teutscher Nation, mit solchen abscheulichen Tyranneien und unmenschlichen Grausamkeiten anfüllet, dergleichen auch in den heidnischen und türkischen Kriegen nie erhöret, geschweige in einer christlichen Historie gelesen worden, so daß es scheint, daß die teutsche Nation nicht so sehr unter ihr Joch zu bringen, als völlig zu vertilgen und auszurotten thue, maßen dessen die wider aller Treue, Wort und Glauben verhängte greuliche Verwüstung der uralten Städte Speier, Worms, Mannheim, Offenburg und vieler anderer, in der etliche so unsinnig getobt und gewühtet, daß neben Verbrennungen, Spreng- und Nierdereißung der Häuser, auch die Gräber geöffnet, derer von einigen hundert Jahren hero dort geruhten Gebeine der römischen Kaiser nicht verschont…« und so weiter, der Satz hat noch lange keinen Punkt. Und das jeden Tag, jede Woche, über Jahre. Der Prinz ertrug. Nur näher wurde ihm seine Muttersprache damit nicht gebracht.

Wir sollten an dieser Stelle den Zustand des Deutschen nicht vergessen. Luthers klare Sprache war längst zu einem hochkomplizierten Kanzleideutsch verkommen. Die Verrohung im Dreißigjährigen Krieg hatte das Übrige bewirkt. Bis auf wenige Ausnahmen wie Leibniz, Wolff und Opitz, nahm sich niemand der Sprachpflege an. Kein Satz wurde zu des Prinzen Zeit geradeaus geschrieben. Gesprochen wurde in hölzernem Duktus. Deutsch hatte zu jener Zeit keine Chance gegen das geschliffene, klare wie elegante und vor allem weltläufige Französisch. Als König schrieb Friedrich am 8. September 1775 an Voltaire: »Sie behaupten mit Recht, daß unsere guten Deutschen erst die Morgenröte ihrer Kenntnisse haben. Der dreißigjährige Krieg ist für Deutschland schädlicher gewesen, als man auswärts glaubt. Man mußte mit dem Ackerbau anfangen, dann zu manufakturen, und endlich zu einem Handel fortgehen. So wie diese festen Fuß gewinnen, entsteht Wohlstand, und auf den folgt Überfluß, ohne welchen die Künste nicht gedeihen können.«

Der Kronprinz ließ sich trotz aller Repressalien nicht davon abhalten, Molière, Racine und Cornaille zu lesen. In französischer Übersetzung auch die römischen Klassiker wie Lucrez, Seneca und Tacitus. Als der Prinz nach erzwungener Heirat sein erstes Refugium Schloss Rheinsberg erhielt, wurde sein Kopf klarer, die Distanz zu Berlin tat ihm gut. Friedrich konnte sich mehr oder weniger seine Gesellschaft selbst aussuchen. Dem schon frühzeitig angebeteten Voltaire schrieb der Kronprinz am 6. Juli 1737: »Was die Deutschen angeht, so ist ihr Fehler nicht ein Mangel an Geist. Gesunder Menschenverstand ist ihnen zugefallen; ihre Wesensart kommt der englischen recht nahe. Die Deutschen sind tüchtig und gedankentief; haben sie sich einmal einer Sache angenommen, dann erweisen sie sich als beharrlich. Ihre Bücher sind von betäubender Konfusion. Wenn man ihre Schwere ein wenig behöbe und sie ein wenig mit den Grazien aussöhnen könnte, so zweifelte ich nicht daran, daß auch meine Nation bedeutende Gestalten hervorbringen möchte. Dennoch gibt es eine Kalamität, die auf immer verhindern wird, daß wir in unserer Sprache gute Bücher bekommen; der Gebrauch der Worte ist nicht festgelegt, und da Deutschland unter eine Unmenge von Souveränen aufgeteilt ist, wird sich kein Mittel finden, daß sie sich den Entscheidungen einer Akademie unterwerfen.« Das klingt zeitgemäß, wie die aktuelle Debatte um die sogenannte Rechtschreibreform zeigt.

Zurück zu Friedrich. Als er 1740 den Thron bestieg, wurde an seinem Hof genauso Französisch gesprochen wie in Dresden, Hannover, Stockholm, Petersburg, Wien oder Mailand. Französisch war damals die internationale Sprache, wie es heute das Englische ist. Mühelos konnten sich der Balte Keyserlingk, der Hamburger Bielfeld, der Franzose d'Argens, der Italiener Algarotti und der Holländer de Catt an Friedrichs Tafeln verständigen. Für das deutsch lesende Bürgertum ließ Friedrich ab dem 30. Juli 1740 eine deutsche Zeitung herausbringen, die »Berlinische Zeitung von Staats- und gelehrten Sachen«. Dennoch, die Pflege der deutschen Sprache fand in der Berliner Akademie lange keinen Vertreter. Ohne vom König gefördert zu werden, entstand jedoch in Berlin eine Literaten-und Philosophenszene erster Güte. Lessing gab mit Moses

Allgemeine
deutsche
Bibliothek.

ΟΜΗΡΟΣ

Des ersten Bandes erstes Stück.

Mit Königl. Preußl. und Churfürstl. Sächs. allergnädigsten Freyheiten.

Berlin und Stettin,
verlegts Friedrich Nicolai,
1766.

Mendelssohn und dem Verleger Friedrich Nicolai literarische Schriften heraus. 1754 entstand in Potsdam das erste deutsche Lustspiel, Lessings »Miss Sara Sampson«. In den Berliner Salons wurde Lyrik von Gleim gelesen, Ewald von Kleists Verse nahmen schon die Romantik vorweg, Sulzer referierte über Sprachreform. Und Friedrich? Er sprach weiterhin Französisch und fluchte auf Deutsch. Erst allmählich wurde ihm bewusst, dass sich seine Muttersprache durchaus zur Literatursprache wandelte. Was nicht dazu führte, sich Lessings Stücke anzuschauen. In stillen Minuten jedoch las er, was ihm der eine oder andere Vertraute an neuester deutscher Dichtung mitgebracht hatte. Statt sich mit den Inhalten zu befassen, hakte der König zunächst beim Sprachempfinden, beim Klang des Deutschen, ein. Die Eleganz und Geschmeidigkeit des Französischen vermisste er am Deutschen sehr. Die Liaison fehlte. Tatsächlich ist unsere Sprache voller harter Laute, allein dieser Satz mit Worten wie: »tatsächlich, Sprache, harte Laute«. Für Engländer, Franzosen oder Chinesen klingt es wie permanentes Poltern. Das wollte Friedrich abmildern. Er schlug vor, an Worte mit Endungen auf n ein a zu hängen. Friedrich bastelte an einer Liaison des Deutschen.

Wegen des Siebenjährigen Krieges wurde nicht nur der Bau des Neuen Palais verschoben. Die Berliner und Potsdamer Gelehrten beklagten rauhe Zeiten. Nach dem Krieg trieben die Knospen desto kräftiger. Am 21. März 1768 wurde in Berlin Lessings »Minna von Barnhelm« aufgeführt, am 1. Januar 1783 Schillers »Räuber«. Deutsche Autoren wie Klopstock, Gellert und Nicolai wurden in hohen Auflagen gedruckt und gekauft. Nicht zu vergessen Goethes als Kulturschock empfundener »Werther«. Ein Reisender vermerkte 1770: »In Berlin drängt man sich nach den zahlreichen empfindsamen Schriften, die nach »Werthers Leiden« erschienen sind, sie werden mit heißer Begierde und Sehnsucht gelesen.«

In Berlin wurde das »Deutsche Theater« gegründet, eine Kampfansage an die königlich protegierte französische Truppe. Für den Weimarer Musenhof war die Berliner Kulturszene beispielhaft. Der König schrieb am 24. Juli 1775 an Voltaire: »Nun meint man hier, das eigene Theater sei vortrefflich, aber bis jetzt hat sich nichts Vollkommenes blicken lassen. Der Sinn für die Literatur beginnt sich auszubreiten, es heißt abwarten. Der Boden, der einen Leibniz hervorgebracht hat, kann weitere hervorbringen.«

Friedrich hatte sich nicht in den »Götz von Berlichingen« gesetzt, aber er kannte das Stück und urteilte darüber: »Eine abscheuliche Imitation der schlechten englischen Stücke, aber das Parterre applaudiert und verlangt mit Begeisterung die Wiederholung dieser degoutanten Platitüden.«

Friedrich las regelmäßig deutschsprachige Zeitungen. In seiner Bibliothek im Neuen Palais und in Sanssouci haben sich das »Duisburgische Magazin«, der »Schlözer Staatsanzeiger« und Satireblätter erhalten. Friedrich kann man vorwerfen, dass er die deutsche Sprachpflege nicht mit dem Nachdruck betrieben hat, wie es in Frankreich oder England geschah. Der König hielt dieses Unterfangen ob der Kleinstaaterei für sinnlos. Ihm ist jedoch anzurechnen, dass er die vielen und widerstrebenden Tendenzen im Geistesleben gewähren ließ. Für Schillers »Räuber« gab es unter Friedrich keine Zensur.

Nach dem Siebenjährigen Krieg war es Oberst Icilius, der Friedrich immer wieder auf die neuen deutschen Dichter aufmerksam machte, deutsche Texte zur königlichen Abendgesellschaft mitbrachte und diese dem König vortrug. Als Icilius 1775 in Berlin starb, übernahm Minister von Herzberg die Rolle des behutsamen Mentors des Deutschen, und das mit einigem Erfolg. Die Gedichte des Berliner Conrektors Moritz, einem von Goethe geschätzten Lyriker, gelangten so auf des Königs Tisch. Sie tragen Überschriften wie: »An den Mai 1779«, »Sonnenaufgang über Berlin am 10. August 1780« oder »Die Sprache«.

Der König schrieb, nach der Lektüre, dem Autor am 21. Januar 1781 folgende Zeilen: »Malten alle Deutschen Dichter wie Ihr, in Eurem mir zugefertigten Gedichten, mit soviel Geschmack, und herrschte in ihren Schriften eben der Verstand und Geist, welcher aus den beigelegten zwei kleinen Briefsammlungen hervorblickt, so würde ich bald meine landesväterlichen Wünsche erfüllt, und die Deutschen Schriftsteller an Würde und Glanz den auswärtigen den Rang streitig machen sehen. Eure Schriften eröffnen mir dazu eine neue Aussicht.«

Überliefert ist ein Disput zwischen Friedrich und Herzberg. Der König bezweifelte, dass Tacitus im Deutschen so kurz übersetzt werden könne wie im Französischen. Herzberg lieferte das Exempel, übersetzte das Kapitel »Von dem alten Deutschland«. Der Graf schrieb dazu: »Wie mich dünckt, gibt die Deutsche Übersetzung der Französischen weder in der Präcision noch in der Reinheit etwas nach.« Die Antwort des Königs ließ keine halbe Stunde auf sich warten: »Ich habe den Versuch einer Übersetzung des Tacitus, die Sie mir zugeschickt haben, gelesen, dagegen läßt sich gar nichts sagen; aber er enthält nur eine Beschreibung von den Sitten der Deutschen; und so etwas ist nicht schwer zu übersetzen, wohl aber sein lehrreicher und kräftiger Stil, mit welchem er in wenigen Worten die Charakter und Laster der Römischen Kaiser zeichnet.«

Friedrich und Herzberg lieferten sich weitere Dispute dieser Art. Und dann musste sich der König Luft machen, er schrieb in Französisch seine Abhandlung über die deutsche Sprache: »De la Litterature allemande«. Gellert, dessen Fabeln er kannte und schätzte, kam gut weg. Ganitz, Geßner und

Auf solche Art und gegen baare Bezahlung werden auch auf den Leipziger Messen und in den Buchladen halbe und ganze Jahrgänge um den nämlichen Preis von drey Reichsthaler vier gute Groschen der Jahrgang, jedoch unbrochirt, zu bekommen seyn.

Man kann sich zwar zu jeder Zeit auf einen halben oder ganzen Jahrgang abonniren. Doch können wir künftig vom Monat März an nur denjenigen ihre Stücke brochirt zu übersenden versprechen, deren Pränumeration auf den halben oder ganzen Jahrgang in den Monaten Junius und December hier in Hamburg berichtiget [illegible].

Vorjetzt aber versichern wir noch eben die[illegible], wie die genaueste Besorgung allen denjenigen, deren Abonnement vor dem 28 Februar, an welchem Tage das zweyte Stück erscheint, hier eingetroffen seyn wird.

Die Herren Buchhändler, welche 4 und mehr Exemplare mit einander nehmen, werden einen billigen Rabat erhalten.

Die Gesellschaft wird auch mit Vergnügen Beyträge annehmen, wenn solche an das kaiserliche Reichs-Ober-Postamt zu Hamburg in einem Kouvert, mit der innern Aufschrift: für das politische Journal: und mit der Unterschrift des Namens und Ortes, gesendet werden. Und sie verspricht die heiligste Verschwiegenheit der Namen, auch wenn es verlangt wird, eine proportionirliche Erkenntlichkeit.

Da die Ode, welche allemal am Neujahrstage zu London, in Gegenwart des Königs und des ganzen Hofes, im Geheimen-Raths-Saal aufgeführt wird, immer einen politischen Bezug hat, und die von diesem Jahre besonders merkwürdig ist; so theilen wir sie hier unsern Lesern mit, nach der Uebersetzung im Altonaer Merkur, da wir das Original noch nicht haben.

Ode für das neue Jahr 1781.

Fragt die Welt herum von Zeitalter zu Zeitalter, nicht nur wo der Geschichtschreiber, oder des Dichters Lied Gehör gefunden; nein, auch die schwächste Stimme des Rufs hat Britanniens Namen lallen gelernt: fragt nach ihrer angebornen Würde, und Thaten hohen Ruhms.

Politisches Journal

nebst einem

gelehrten Anzeiger.

[illegible] Jahrgangs Erster Band.

Erstes Stück. Januar 1781.

I.

Einleitung.

Vorstellung des gegenwärtigen Zustandes von Europa.

Seit der Entdeckung von Amerika, 1492, und der Regierung Kaisers Karls des Fünften, in welcher Periode eine so allgemeine Revolution in dem Staatssystem von Europa, in der kirchlichen und bürgerlichen Verfassung, in Wissenschaften, Sitten, Handlung, Kriegsführen, und der ganzen Lebensart von Europa, sich anfieng, hat keine so allgemeine Veränderung wieder begonnen, als seit ohngefähr der Mitte dieses achtzehnten Jahrhunderts. Große Umänderungen ganzer Völker geschehen

A wie

Das »Politische Journal« wurde auch von Friedrich bezogen.

Götz fanden mehr oder weniger Achtung, an Goethe ließ der König kein gutes Haar und urteilte über den Stand der deutschen Sprache, als lebte er im Jahre 1735.

Wenn es um Friedrichs angebliche Vorurteile gegenüber der deutschen Sprache geht, wird vor allem diese Abhandlung bemüht. Was bewirkte sie?

Deutsche Dichter fühlten sich angeregt, dem König das Gegenteil zu beweisen. Und Friedrich handelte auch anders, als er in seiner Abhandlung schrieb. Am 5. September 1779 erließ er an seinen Minister von Zedlitz folgende Kabinettsorder: »Da ich gewahr geworden, daß bey den Schul - Anstalten noch viele Fehler sind …(es folgt eine Aufzählung zu reformierender Methoden und Praktiken, dann heißt es) Ihr müsset daher, mit der Schulverbesserung in den großen Städten, als Königsberg, Stettin, Berlin, Breslau, Magdeburg usf. zuerst anfangen. Eine gute teutsche Grammatic, die die beste ist, muß auch bei den Schuhlen gebraucht werden. Es sei nun die Gottschedsche oder eine andere, die zum Besten ist.«

Wie oft und wie viel der König deutsch gelesen hat, lässt sich nicht sagen. Der König blieb geprägt von den Spracherlebnissen seiner Kindheit. Erst im Alter kam es zu einer Annäherung an die deutsche Sprache. In des Königs Bibliothek haben sich nur wenige deutsche Bücher erhalten, in einigen von ihnen liegen noch Friedrichs Lesezeichen, es gibt darin Anmerkungen von seiner Hand. Aufgeführt seien hier:

»Briefe eines reisenden Franzosen über Deutschland an seinen Bruder zu Paris, Übersetzt ins Deutsche von K.R.,1784«

»Leben und Charakter Friedrich August Weine, Minden 1780«

»Statistische Tabellen zur bequemen Uebersicht, 1781«

»Geheime Selbstbeschäftigung, Minden 1778«

»Brief-Journal Militärischen Inhalts, 1772–78«

»Eröffnung unterschiedlicher Heimlichkeiten der Natur, 1601«

»Beschreibung einiger amerikanischer Holz- und Buscharten, 1781«

»Hof-, Lust- und Gartengebäude, 1731«

Das »Politisches Journal« wurde auch von Friedrich bezogen. Dieses Exemplar stammt aus der Bibliothek des Grafen Goertz.

Karikatur auf Friedrich, um 1910.

16. *Friedrich sei ein Geizhals gewesen, je älter, desto geiziger*

Im achtzehnten Jahrhundert gab es noch keinen Strom, also auch kein elektrisches Licht. Straßen über Land blieben nach der Dämmerung finster, in Städten brannten bis Mitternacht an manchen Plätzen Fackeln. Dagegen standen in jener Zeit die Freuden an Abend- und Nachtgesellschaften. Man traf sich in Salons, zu Konzerten, Schauspiel, Oper, danach zur Tafel. Einfache Leute saßen in ihren guten Stuben, gingen in Kneipen, Badehäuser oder Bordelle. Zum Lichtmachen benutzte man je nach finanziellen Möglichkeiten Tran, Teer, Holz oder Talg. Wachskerzen waren Luxus, Bienenwachskerzen Raritäten.

Eine brennende Kerze erzeugt ein Lux (Watt). Stellt man einen Spiegel dahinter, verdoppelt sich die Wattzahl. Es blieb damals mehr oder weniger schummrig, auch in den Schlössern des Königs, dessen wunderschöne Porzellan- und Bergkristallleuchter mit höchstens 24 Kerzen bestückt waren. Kerzenmachen war ein einträgliches Geschäft, allein die Versorgung des Hofes mit Lichtern ließ die Kassen klingeln. König Friedrich hatte nicht nur Familienmitglieder und deren Hofstaat, seine Gäste und sein Personal zu versorgen, auch die königlichen Ämter, Gerichte, Kasernen, Hospitäler, Schulen und Manufakturen waren auf den königlichen Lichtsegen angewiesen. Und weil Kerzen Mangelware blieben, blühte allerorten der Schwarzhandel damit. Königliche Angestellte schmolzen ihr Kontingent in dünnere und kürzere Kerzen und verkauften den Rest, Wachs wurde gepanscht oder man tat es wie Voltaire. Als Gast und Kammerherr des Königs wohnte er einige Zeit im Potsdamer Stadtschloss, seinem Rang entsprechend standen ihm Kerzen zu, die Voltaire auch erhielt, aber nicht in seinen Gemächern nutzte, sondern gegen gutes Geld verkaufte. Der Dichter hockte nun nicht etwa im Finsteren, sondern ging in die Gesellschaft anderer Höflinge. Waren die Runden dort beendet, klaubte Voltaire die Kerzenstummel aus den Leuchtern, steckte sie in die eigenen und rief nach dem König: Herr, es werde Licht.

So konsequent Friedrich jede Kerzenbestellung seiner Prinzen, Diplomaten und Höflinge kontrollierte, der Diebstahl an königlichem Eigentum war nicht zu verhindern. Es war wie bei den königlichen Bauvorhaben: Auf jede Baustelle musste ein Viertel mehr Material angekauft werden, denn genau dieser Anteil wurde von denen gestohlen, die Zutritt zu den Baustellen hatten.

Spiegel, deshalb in Ausstattungen von Schlössern so wichtig, weil sie das Licht von Wand- und Deckenleuchtern verdoppelten, waren eine fast unerschwingliche Ware. Alte Spiegel wurden umgeschliffen, aus kleinen Teilen setzte man größere Flächen zusammen, und es war für die Handwerker auf des Königs Baustellen ein Freudenfest, wenn große Spiegel zerbrachen. Die Scherben wanderten in private Taschen. Die ungewollten Abschreibungen betrafen aber auch Bauholz, Steine, Kalk, Pferde, Esel, Karren, Heu, Uniformen, Decken, Papier, Geschirr. Kurz, was sich beim König klauen ließ, wurde geklaut. Und das nicht nur von Angestellten. Die Verluste an Tafelsilber bei den großen Festen des Königs waren feste Ausgabenposten.

Es wurde auch betrogen, wo es nur ging. Des Königs Pagen, seine Verwaltungsbeamten, seine Gäste, seine Offiziere forderten Ersatz für Verluste, die es nie gegeben hatte, um das Salär aufzubessern. Wie das funktionierte, hatte der Kronprinz bereits im Küstriner Verwaltungsjahr 1731 kennengelernt. Landadel, Militärs und Bürger forderten in ihren Eingaben Ausgleich für alle nur denkbaren Unwägbarkeiten und drohten bei abschlägigem Bescheid mit Bankrott, Verarmung, Abwanderung. In Küstrin mag des Prinzen grundsätzliches Misstrauen gegenüber allen Behörden und Instanzen, aber auch Privatpersonen geschärft worden sein, weshalb er als König ständig auf Inspektionsreisen ging und bei Verfehlungen streng urteilte.

Ludwig XIV. und seinen Nachfolgern wird genauso wie August dem Starken und seinem Nachfolger beispiellose Verschwendungssucht vorgeworfen. Für Amüsements, Mätressen, deren Schmuck und Schlösser seien Unsummen ausgegeben worden, was Land und Menschen an den Bettelstab gebracht habe. Friedrich von Preußen tat nichts Vergleichbares, und prompt wirft man ihm Geiz vor. Friedrich regierte Preußen wie ein großes, erfolgreiches Privatunternehmen. Maximale Effizienz der Mittel war seine Devise. Preußen litt unter einem Mangel an Menschen und Rohstoffen. Alles war kostbar, Verschwendung unverantwortlich, permanente Kontrolle unerlässlich. Der französische Graf Mirabeau, der Friedrich beobachtete, schrieb 1787: »Aus der Wut Friedrich II. alles selbst zu tun, floß die Folge, daß unter den europäischen Fürsten kaum einer mehr betrogen wurde als er. Durch den Unsinn alle Geschäfte des Reiches in anderthalb Stunden selbst expedieren zu wollen, wurden seine Minister die uneingeschränkten Herrscher.«

Friedrich wurde jedoch nicht nur heimlich betrogen, oft wusste er davon und musste es dulden. Wir meinen dabei nicht Kleinigkeiten, wie etwa gefälschte Futterrechnungen für des Königs Pferde. 1760, der Siebenjährige Krieg ging in sein drittes Jahr, zeigte sich in den königlichen Kassen der Boden. Friedrich beschloss, seine Silberwährung einzuschmelzen und durch schlechteres Geld zu ersetzen. Die geheime Aktion hatte der Generalmünzpächter von Tauentzien auszuführen. Das geschah in Breslau. Tauentzien wurde bei dieser Transformation um 150 000 Taler reicher. Dem König wurde es hinterbracht, er reagierte nicht. Tauentziens Sekretär, der vertrauliche Anweisungen des Königs kannte und die Korrespondenz führte, ging auch nicht leer aus. Sein Name gilt bis heute als Inbegriff von Toleranz und selbstloser Hilfe: Gotthold Ephraim Lessing. Sein Biograph Jasper schreibt 2001: »Lessing selbst hatte keinen Hehl daraus gemacht, dass er in Breslau über Geldmittel in für ihn ungewohnter Höhe verfügen konnte. Er war zwar nicht reich geworden, aber sein am Umgang mit Offizieren und Junkern orientierter Lebensstandard wäre ganz sicher nicht allein von einem normalen Sekretärsgehalt zu betreiben gewesen. Neben seinen hohen Spieleinsätzen war es ihm noch möglich, alte Schulden zurückzuzahlen, die Eltern in Kamenz zu unterstützen und sich eine umfangreiche Bibliothek zuzulegen.«

Betrug in großem Stil praktizierte Friedrichs schlesischer Provinzverwalter von Hoym. Über Jahre erleichterte er die preußische Generals-Kriegskasse, ohne dass Friedrich dagegen einschritt. Das tat er 1782 gegen den Chef der königlich preußischen Seehandelssozietät, die hauptsächlich Salz aus Liverpool bezog. Christoph von Görne übertrieb, der König legte ihn in Ketten, seine Güter verfielen der Krone.

Ständiges Objekt königlichen Misstrauens, und das wohl zu Recht, waren die Lieferanten. Südländisches Tafelobst, Käse, Wein und Schokolade sollte Friedrich, weil er König war, um ein Vielfaches teurer bezahlen.

Die Mär vom geizigen König ging schon zu Friedrichs Lebzeiten. Einer der erfolgreichsten Verbreiter war ausgerechnet der Erbsenzähler Voltaire: »Größte Sparsamkeit war in Potsdam leitender Gedanke bei allen Neigungen des Königs.« Das mag noch als neutral durchgehen, aber Voltaire konnte auch ganz anders über des Königs »lächerliche Knausrigkeit« herziehen.

Die Erfahrung, insbesondere durch die ungeheure Kriegsbelastung, gab Friedrich in seinem Tun recht. Er hielt nichts weiter als strikte Haushaltsdisziplin. Selbst was später als »Verschwendung« bezeichnet wurde, das Neue Palais, kostbare Geschenke aus der Porzellanmanufaktur, Tabatieren usf., waren fest geplante Haushaltsposten.

Friedrich schrieb über Potsdam an seinen Vorleser de Catt im Jahre 1758: »Zu meines Vaters Zeiten war es ein elendes Nest; wenn er jetzt wiederkäme würde er seine Stadt nicht wiedererkennen. Ich habe Pläne der schönsten Bauwerke Europas,

Beim Hausbau, nach Menzel.

Vorlage für ein Bett, nach Knobelsdorff, 1741.

17. *Friedrich habe in einem Feldbett geschlafen*

Laut Pressestelle der Stiftung Preußische Schlösser und Gärten besuchen jährlich 500 000 Gäste Sanssouci. Alle zwanzig Minuten sind es vierzig Neugierige. Nach acht Minuten steht der Besucher im einstigen Arbeits- und Schlafzimmer. Friedrichs Nachfolger ließ dieses Zimmer gleich nach dem Tod seines Vorgängers umbauen, was um so bedauerlicher ist, weil sein Pendant im Potsdamer Stadtschloss auch nicht mehr erhalten ist. Der Nachfolger argumentierte, Friedrichs Arbeits- und Schlafzimmer sei zu sehr herunter gewesen. Plausibel scheint uns das Argument nicht, denn Friedrich hielt sich in seinen anderen Räumen samt seinen Hunden genausoviel auf, Konzertsaal und Vorzimmer hatten überdies die zahlreichen Tafeln ohne Verschleiß überstanden. Erhalten geblieben sind im Arbeits- und Schlafzimmer Kamin und Kronleuchter sowie einige Möbel. Der Alkoven, in dem des Königs Bett stand, ist leer. Ein königliches Bett habe dort auch nicht gestanden, hört man bei so mancher Führung, denn Friedrich habe auf einem Feldbett kampiert, um seine »... militärische Lebensweise zu demonstrieren«, wie ein DDR-Militärhistoriker behauptete.

Wenn von einem Feldbett die Rede ist, entsteht in den Köpfen der meisten das Bild von einem zusammenklappbaren, quietschenden Eisengestell. Zu Friedrichs Zeiten waren Feldbetten noch martialischer. Was sagen zeitgenössische Quellen zu Friedrichs Schlafgewohnheiten? Es gibt nicht viele.

Baron von Diebitsch schildert uns einige von Friedrichs Gewohnheiten nach dem Siebenjährigen Krieg: »Es ist bekannt, daß dieser große König, wenn er gesund war, außerordentlich früh aufstanden, oft im Sommer gleich nach drei Uhr. Sie wachten immer selbst gegen diese Zeit auf. Sobald Se. Majestät Hier! riefen, (hatten Lakaien) vor das Bett des Königs zu treten; dieses Bett hatte gemeinhin hellblaue Silberstoffene Gardinen, aber Sie hatte auch, besonders wenn Sie krank waren, bloß ein Bettgestell, wie ein Ruhebett; ersteres stand gemeiniglich so, daß das Kopfende gegen die Wand stand, in welchem ohnweit davon der Kamin war, worin das Feuer von dem wachhabenden Lakai auch durch die Nacht unterhalten wurde.«

Die zweite Quelle zu Friedrichs Bettstatt stammt von dem englischen Reisenden Sherlock, der 1779 Sanssouci besuchte: »Ich erkundigte mich bei dem Schweizer, wo das Schlafzimmer des Königs wäre. »Dies ist es.« Ich suchte nach einem prächtigen Bett… In einer Ecke entdeckte ich hinter einem

Krankenlager im Siebenjährigen Krieg, nach Menzel.

winzigen Wandschirm ein unglaublich kleines, äußerst schmales Bett mit grünseidenen Vorhängen. Das war sein Nachtlager.«

Von einem Feldbett ist keine Rede. Sherlock suchte natürlich ein »prächtiges Bett«, wie er es aus Schlössern anderer Fürsten gewohnt war. Dort waren Paradebetten Teil des offiziellen Hofzeremoniells mit öffentlichem Aufstehen und Ankleiden und Ausziehen und Zubettgehen. Friedrich praktizierte dieses Zeremoniell nicht, weshalb Betten in seinen Schlössern trotz einer Breite von zweieinhalb Metern und einer Länge von dreieinhalb Metern tatsächlich mehr Betten als Installationen sind. Sowohl Diebitsch als auch Sherlock berichten, dass Friedrichs Bett Seidenvorhänge hatte, es wird also ein kleines Baldachinbett gewesen sein. Diebitsch spricht von einem Ruhebett. Sie kamen damals immer mehr in Mode, hatten keinen üppigen Betthimmel, der an Wand und Decke fest montiert werden musste. Sie konnten im Raum bewegt werden.

Friedrich litt nach dem Siebenjährigen Krieg zunehmend an Gicht und Wassersucht. Er suchte die Wärme und schlief am liebsten in der Nähe des Kamins. Friedrich ließ auch über Sommer sein Arbeits- und Schlafzimmer heizen. Der Kamin wird angesichts der Raumgröße – fast hundert Quadratmeter bei sechs Metern Deckenhöhe – nicht viel Wärme verbreitet haben. Also ließ sich der König ein Ruhebett hinter dem Paravent am Kamin aufstellen. Ruhebetten dieser Art waren eineinhalb Meter breit und zweieinhalb Meter lang. Für das Bett eines »großen Königs« natürlich »unglaublich schmal«.

Friedrich in seinem letzten Jahr, nach Menzel.

18. *Friedrich sei im Alter zum Misanthropen geworden*

»Friedrichs Charakter durch Selbstherrschertum entstellt. Menschenverachter«, notierte Thomas Mann 1906 in Beschäftigung mit dem König. Sein Bruder Heinrich urteilte im vierzig Jahre später erschienenen Essay über Friedrich: »Endlich stirbt er, veraltet und vereinsamt.« Bei Schnitter (1993) lesen wir: »Je älter der König wurde, desto mehr zog er sich aus der Öffentlichkeit zurück. Nur selten empfing er noch Besuche.« Der schon öfter zitierte Autor Eberhard Cyran meint, dass Friedrich »seine Tage in völliger Einsamkeit lebte und beschloß«, als »Menschenverächter«. Und der ebenfalls öfter zitierte Autor Klicker bringt es seiner Art gemäß auf den Punkt: »Vereinsamter Misanthrop«.

Wie stellen wir uns den König im Alter vor? Als janusköpfigen Spötter und Zyniker, der seine Freunde verriet, wie Voltaire behauptete? Als verbiesterten und stockschlagenden alten Mann, dem eine Frau fehlte? Hatte er etwa als Politiker versagt und wurde durch das Scheitern zum unausstehlichen Herrscher? Friedrich war ein erfolgreicher Politiker, etablierte Preußen als Großmacht. Allgemeinverbindliche Normen waren ihm wichtig, nur so ließ sich regieren. So handelte er auch. War dann der Privatmann Friedrich gescheitert?

Einen Misanthropen macht man an seinem Verhalten fest. Beschäftigen wir uns mit Friedrichs Verhalten im Alter. Seine Gewohnheiten und Marotten haben wir eingangs beschrieben. Er hielt bis zum letzten Tag daran fest. Sein Tagesablauf war so aufregend wie ein gut funktionierendes Uhrwerk. Friedrich stand früh auf, kleidete sich selbst an, bearbeitete Akten, ließ sich vortragen, diktierte, ritt vor dem Essen eine Stunde aus oder ging im Park spazieren. Das Mittag nahm er in Gesellschaft und das konnte, waren interessante Themen auf dem Tapet, Stunden dauern. Seine Hunde tollten in den Gemächern, Friedrich fütterte sie von der Tafel aus. Bis 1779 musizierte der König auf seiner Flöte. Er dichtete Oden, schrieb Briefe, las Bücher und bezog in Traktaten Position zu Dingen, die ihn bewegten. Friedrich blieb geistig rege und belastbar. Seine Randnotizen, bis zum Tode unter Schriftstücke gesetzt, wurden weder bösartig noch verächtlich. Kurz und bündig entschied der Monarch, was er in konkreter Situation für das Beste hielt. Friedrich empfing Fürsten, besuchte Opern und ließ die offiziellen Feste über sich ergehen, ein inneres Bedürfnis danach hatte er nicht mehr. Friedrich suchte Freunde, geistige Streiter. Er schrieb sich mit Aufklärern wie d'Alembert, Rousseau oder Melchior Grimm, bis sie starben. Friedrich behielt seine kind-

Friedrich bei der Parade.

liche Neugierde auf alle Dinge, die ihn faszinierten. Sein Wissensdurst war enorm. James Watts Dampfmaschine ließ er, kaum war sie erfolgreich, in seinen Manufakturen installieren. Er war begeistert vom Aufstieg des ersten Heißluftballons. Und aß weiterhin genüsslich Kirschen, Weintrauben, trank Bordeaux und genoss scharf gewürzte Speisen. Glücksritter wie Casanova erbaten Audienz. Friedrich nahm, bis er sich nicht mehr auf dem Pferd halten konnte, Paraden ab, exerzierte und reiste durch die Lande. War es dann die Routine, die ihn verdrießlich machte, er regierte immerhin 46 Jahre lang?

Etliche seiner Freunde schieden im Streit von ihm. Denen, die Treue zeigten, hing er an und beschenkte sie reichlich, wie Marschall Keith, der im Park von Sanssouci ein Haus bekam, Fouquet oder Ziethen. Und wenn die alten Männer ihrer Gebrechen wegen nicht mehr zum König kommen konnten, fuhr er zu ihnen. Die kränkelnde Schwester

Amalia, deren Nähe Friedrich im Alter suchte, empfing den König mehrmals im Monat in ihrem Berliner Palais.

Wir sehen Proteste bei der Aufzählung. Hatte er sich etwa nicht zurückgezogen, mit dem Stock geschlagen und verächtlich über die Welt gesprochen?

Hatte er.

Nämlich wenn seine Körperqualen die sonst eiserne Selbstbeherrschung des Königs ausschalteten. Friedrichs Gesundheitszustand war zeit seines Lebens labil. Bereits aus seinen ersten Lebensjahren gibt es ärztliche Bulletins mit reichlich Diagnosen. Infektionskrankheiten in Kindertagen verliefen bei ihm lebensgefährlich. Im Siebenjährigen Krieg brachen jedoch all jene Leiden massiv aus, die ohne Kriegsanstrengungen wohl erträglich geblieben wären: Gicht, Wassersucht, Nierenkoliken, Hämorrhoiden und Asthmaanfälle. Friedrich litt fürchterliche Schmerzen bei vollem Bewusstsein. Im Zeitalter medizinischer Vollversorgung wird man davon kaum noch eine Vorstellung haben. Wer Alte zu Hause oder in einem Pflegeheim betreut oder besucht und sieht, wie sie an relativ harmlosen Erkältungen wochenlang leiden können, kann sich leichter ein Bild davon machen, wie des Königs maximal beanspruchter und ausgezehrter Körper bei jeder weiteren Strapaze rebellierte, und wie lange die Qualen ob unsachgemäßer Behandlungen und leichtsinniger Lebensführung anhielten.

Die Quellenlage über des Königs Krankheiten ist recht gut, die Aufzeichnungen seiner verschiedenen Leibärzte veranschaulichen das Krankheitsbild. In den vierziger Jahren hatte er einen leichten Schlaganfall, der sich im großen Krieg wiederholte. 1762 litt der König wochenlang unter Hämorrhoidenblutungen und Fieberattacken in Folge einer Virusgrippe. Im März 1762 schrieb Friedrich an d'Argens: »Ihr Brief, lieber Marquis, fand mich im Fieber, es ist ein Rezidiv von einem epidemischen Fieber, woran hier in der Stadt viele Leute krank sind.«

Ein Jahr darauf plagten Friedrich nach einer Inspektionsreise durch Schlesien heftige Gichtanfälle. Die Beine schwollen derart an, dass Friedrich kaum gehen konnte. Aus dem Jahr 1765 sind wochenlange Fieber- und Schwächeanfälle bekannt. Der König am 24. März 1765 an d'Alembert: »Ich bin Ihnen drei Briefe schuldig, lieber d'Alembert. Berufsgeschäfte, Hämorrhoiden und Gichtanfälle haben mich zurückgehalten.« So ging es Jahr um Jahr, mit schlechter werdender Tendenz, da Friedrich nicht viel auf den Rat der Ärzte gab und sich in keiner Weise schonte.

Im Juli 1767 schrieb Friedrich an Voltaire: »Ich vegetiere noch, und sehe jeden Tag, daß die Zeit einen merklichen Unterschied zwischen vierzig und sechsundfünfzig Jahren macht.« Am 5. April 1770 erhielt d'Alembert folgende Zeilen vom König: »Mit meinen Füßen geht es so schlecht, wie mit meinem Magen; ich habe die Podagra, der Kopf leidet dabei.«

Doktor Zimmermann schrieb als untersuchender Arzt über des Königs Zustand im Oktober 1777: »Der König ... hat alle Jahre Gichtanfälle, deren Schmerzen sich immer erst im Unterleib als schreckliche Koliquen zeigen, und nachher erst sich auf die Gliedmaße werfen.«

1774 klagte Friedrich: »Ich gehe schlecht und kann gar keine Treppe mehr steigen.« Er konnte großformatige Folianten und vielseitige Bücher nicht mehr in Händen halten. Im Jahre 1776 kamen zu den Gichtanfällen Geschwüre am Ohr, dazu ein Abzess am Oberschenkel und Eiterbeulen auf dem Rücken. Am 16. Mai 1777 schrieb er an d'Alembert: »Mein Zustand ist der eines Greises, welcher achtzehn Podagra-Anfälle gehabt hat und nicht so schnell wieder zu Kräften kommt.«

1780 musste Friedrich mit links schreiben lernen, seine rechte Hand war ihm gichtlahm geworden. Die Leiden steigerten sich bis zu seinem Tod. Friedrich reflektierte seinen Verfall aufmerksam. Er geriet nicht in Panik, seine Lebensphilosophie hielt ihn zumeist im Gleichgewicht. Allerdings mochte er sich angesichts der Krankheiten immer weniger öffentlich zeigen. Weshalb des Königs Zustand bei Hofschranzen und Diplomaten selbstverständlich dauerhaftes Thema war. Weshalb sich der König immer wieder regelmäßig zeigen musste, Empfänge gab, Revuen abhielt, so katastrophal es für seine angegriffene Gesundheit auch war. Das ist der einzige Grund, warum der König im Alter durchaus schroff und abweisend sein konnte.

Den Beweis finden wir im Umkehrschluss: Litt der König nicht, ließen die Plagen nach, verzehrte er sich nach geistreicher Gesellschaft. Des Marchese Lucchesinis Tagebuch gibt Auskunft über Friedrichs Gewohnheiten im Alter: »19. Oktober 1780; Nach dem Souper ließ mich der König allein rufen. Ich fand ihn auf einem Ruhebett neben dem Feuer, von Büchern und Schriften umgeben. Bekleidet war er mit einem gefütterten Wams von rotem Samt und einer Weste von Gold- und Silberbrokat. Guten Tag, Herr Lucchesini, ich habe einige Tage nicht das Vergnügen gehabt, Sie zu sehen. Inzwischen musste ich einen Abstecher in das Land der Gichtbrüchigen machen. Wir sprachen dann von der römischen Geschichte.«

Im Stenogrammstil wird das Gespräch vom 1. November 1780 beschrieben: »Alljährlich werden in den Staaten des Königs für 150 000 Taler Virginiatabak verbraucht. – Ich hörte vom König die Fortsetzung seines Gedichtes »Palladium.« – Die Engländer machen aus Geldmangel für 10 Millionen Pfund Sterling Kassenscheine. – Der König sprach von seiner niedergeschriebenen Instruktion für die Erziehung der Prinzen seines Hauses.«

»24. November; Der König hat ein Buch über die Eigenliebe als Mutter vieler Tugenden verfaßt.«

»22. März 1781; während Fürst Hohenlohe und der Bischof von Ermland auf den Ruf zur Tafel warteten, wurde ich hineingeführt und blieb eine Stunde lang bei ihm, dann traten wir zusammen hinaus, worauf das Souper beginnen konnte. Derartiges machte die anderen wütend. Ich denke: Heute mir, morgen dir.«

»29. Mai 1781; Es wurde im chinesischen Pavillon zu Mittag gespeist. Der König amüsierte sich über Orden und schlug eine Neugestaltung vor: Für die Österreicher den Orden Jupiter, für England den Merkur, für Frankreich die Venus und für Preußen einen Affen, weil hier alles den Großmächten nachgeäfft wird.«

»19. Juni; Anregendes Gespräch über Bacon und Newton. Da der König nichts von Mathematik versteht, fällt es ihm schwer, den Wert Eulers und La Granges zu begreifen.«

»14. Juni 1783; Ich fand in Sanssouci einen Haufen Bauern vor, etwa sechzig, die dem König eine

Bittschrift überreichen wollten. Niemand hinderte sie. Das würde in Versailles oder Wien unmöglich sein.«

Schauen wir in das Jahr 1739 zurück und vergleichen des Königs Lebensgewohnheiten. Einer der Gäste in Rheinsberg, der Freimaurer Bielfeld, beschrieb den König so: »Seine Unterhaltung bei der Tafel ist reizend, er spricht viel und gut. Über alles hat er ein Urteil, und seine Einbildungskraft bringt über alles neue und richtige Gedanken hervor. Sein Geist gleicht dem Feuer der Vestalinnen, das nie verlischt. Er duldet bescheidenen und höflichen Widerspruch, besitzt die so seltene Gabe, den Geist der anderen leuchten zu lassen, und versteht sehr gut, denen den Ball zuzuwerfen, die ihren Geist leuchten lassen sollen... Er selbst scherzt oft und neckt bisweilen, aber ohne Schärfe und ohne sich an einer geistvollen Antwort zu stoßen.«

Soviel zur Kontinuität der Gewohnheiten im privaten Umfeld. Aus Friedrichs Briefen an Vertraute und aus Notizen seiner Ärzte können wir ziemlich genau festmachen, wann eine Attacke ihn aus der Bahn warf. In seinen täglichen Befehlen, Anweisungen und Randnotizen findet sich davon keine Spur. Der König wollte »funktionieren«. Wir zitieren aus Ordern, die Friedrich vom Krankenbett aus diktierte. Wie schlimm die Schmerzen auch gewesen sein mögen, Menschenfeindlichkeit oder Menschenverachtung lässt sich in keiner Silbe ausmachen.

»An den Kammerpräsidenten von Siegroth, 14. Juni 1779. Bester Rath. Es ist mir Euer monatlicher Bericht von dem Zustand in hiesiger Provinz zugekommen, und ist es soweit wohl gut. Was aber das in der Priegnitz noch immer anhaltende Viehsterben betrifft, so muß ich Euch sagen, daß, so lange es nicht eingeführt wird, daß 1. das Vieh auf schlesische Art im Stalle zu füttern, und nicht auf die Wiesen zu schicken, und 2. das Steinsalz nicht häufiger gebraucht wird, um das Vieh daran lecken zu lassen, das Viehsterben nicht aufhören wird.«

»An den Finanzrat von Roden, 2. Juni 1780; Eure vorhabende Reise nach dem Freyenwalder Bad zur Wiederherstellung Eurer geschwächten Gesundheit hat keine Bedenken. Ich bin von Eurem Diensteifer versichert, daß Ihr vor Eurer Abreise solche Anstalten treffen werdet, welche die Euch anvertrauten Geschäfte gegen alle Vernachlässigungen sicher stellen werdet. Ich willige Euch dahero den nachgesuchten vierwöchigen Urlaub und wünsche guten Erfolg dieser Reise als Euer gnädiger König.«

»An den Finanzrath Tarrach, 7. October 1780: Da Ich aus Eurem Bericht vom 5. dieses ersehe, daß ein Papiermacher von Augonlesme engergiert worden, so ist dies wohl gut, aber es ist ein Bißchen zu theuer, was ihm an Reisegeld accondiert worden. Indes ist es doch nöthig, daß wir einen solchen Menschen haben, und also könnt Ihr ihn nur immer herkommen lassen, und wegen des Reisegeldes für ihn Mich dann wieder erinnern.«

»12. November 1780: Es ist nun Zeit, an den Plan zur Anlegung einer holländischen Papierfabrik mit Ernst zu denken, denn der Mensch aus Frankreich ist ja nun gekommen und hat die Zeit gehabt, die Beschaffenheit der Lumpen und des Wassers zu untersuchen, und kann nun sagen, wie Alles das eigentlich sein, und wie die Sache angefangen werden muß.«

»18. Dezember 1780; Auf Euren Bericht vom 16. dieses und in Ansehung des zugleich mit eingereichten Plans wegen der Anlegung der Manufaktur von all den Sorten seines Papieres, und der dazu erforderlichen Kosten, ertheile ich Euch hiermit zur Anwort: 1. Was die von Dubois verlangte jährliche Pension von 600 Thlr. auf 10 Jahre anlangt, die accondiere ich nicht. 2. Was aber die Reise- und Transportkosten für sich und die Familie sind, das ist ganz recht, das muß wohl sein.«

War der König einer Verfehlung wegen aufgebracht, liest sich seine Reaktion so:

»An Capitaine von Götze, 11. August 1783: Eure Versetzung aus meiner Suite ist Eure eigene Schuld. Wenn man Wüst im Kopf wird, und ins Gelage hineinlebt, so muß man sich nicht wundern, dergleichen Schicksal, als Euch, nach Eurer Vorstellung vom 4. widerfahren ist, zu empfinden«.

War Friedrichs Ton in seinen Ordres zu Anfang seiner Regierungszeit ein anderer?

»An den Staatsminister von Katte, Potsdam, 3. September 1746; Ihr werdet aus dem beikommenden Memorial des Bürgers Rohde aus Engeln ersehen, Wie unbillig mit demselben wegen seiner Heulieferung wider den klaren Contrakt verfahren werden wollte. Ihr sollet also die Sache nach Recht und Billigkeit schlichten und abmachen, dergestalt, daß der Mann nicht zu weiteren Klagen Ursache haben mög.«

Zum Schluss noch zwei Zitate. Sie schildern, wie sich der König bei einem großen Herbstmanöver 1785 mit vielen ausländischen Militärs gab, danach der ungewollte Blick eines Voyeurs auf den kranken König.

»Der König wechselte vom Wagen auf das Pferd und hielt Spezialrevue. Gleich zu Anfang des Exerzierens am 24. fing es an stark zu regnen und es dauerte die ganze Zeit fort. Der König ließ sich nicht im Geringsten stören. Alles vom Anfang bis zum Ende wurde ausgeführt und mit so vieler Pünktlichkeit und Ordnung, als wenn es das schönste Wetter gewesen wäre ... Der alte Monarch zeigte sich dabei wie der jüngste Offizier. Man sollte sagen, der Mann sei feuer und wasserfest.«

Aus dem Bericht des französischen Generalmajors Toulongeon vom 16. Mai 1786: »Ich kam nach Potsdam und ging mit vier Landsleuten nach Sanssouci um das alte und neue Schloß zu besichtigen. Bei dem alten Schloß angelangt, wo der König wohnte, schickte ich meinen Lohndiener zum Kastellan, um zu fragen, ob wir das Innere besichtigen könnten. Mehr zu erhoffen erlaubte mir der Zustand des Königs nicht. Ich darf wohl sagen, daß ich recht betrübt war, mit dem ewigen Bedauern heimkehren zu müssen, den außerordentlichen Helden, der meine Neugier aus weiter Ferne mindestens ebenso sehr angelockt hatte wie sein Heer, nicht einmal flüchtig gesehen zu haben. Schließlich kam der Diener zurück und sagte: Ich habe mehr erreicht, als Sie mir aufgetragen haben. Für ein paar Goldstücke, die ich dem Kastellan versprach, sollen Sie den König sehen. Jetzt ruht er – es war gegen vier Uhr nachmittags. Findet er nach dem Erwachen das Wetter so schön, wie es wirklich ist, so wird er sich wie gewöhnlich auf die Terrasse tragen lassen.

Der Kastellan erschien, versteckte uns hinter einer Buchenhecke, fünfzig Schritte von der Terrasse und sagte: Rühren Sie sich nicht. Wenn der König

Sie gewahr werden sollte, müßte ich morgen in Spandau karren.

Der Kastellan lief mehrmals hin und her, er schien mir sehr besorgt. Dann tat sich die Tür auf, ein Lehnstuhl wurde auf die Terrasse gestellt und der König erschien, gestützt auf die beiden Kammerhusaren, die einzigen Diener, die seit seiner Krankheit um ihn sind. Er setzte sich in den Lehnstuhl, ich sah den greisen Helden, vor dem so viele Feinde gezittert haben, gebückt, von der Krankheit niedergeworfen, mit bleichem Antlitz und durch Schmerzen völlig entstellt. Seine Hustenanfälle drangen mir bis an mein Herz. Er trug einen karmoisinroten Schlafrock, einen alten Federhut auf dem Kopfe, ein Bein war aufgebrochen und mit weißen Leinen umwickelt, das andere – kaum glaublich – gestiefelt. Nach fünf Minuten ließ er sich wieder hineintragen.«

Friedrich auf der Terrasse von Sanssouci, nach Chodowiecki.

Grabstätte Friedrichs II.

19. *Friedrichs letzter Wille sei ignoriert worden*

Am 7. November 1768 schrieb Friedrich sein politisches Testament. Es regelte Staatsangelegenheiten für den Fall seines Todes. Sein persönliches Testament trägt das Datum 8. Januar 1769. Familiäre Angelegenheiten wurden darin geregelt, aber auch die Art und Weise von Friedrichs Bestattung. Es heißt darin: »Ich habe als Philosoph gelebt, und will auch als solcher begraben werden, ohne Prunk, ohne Pracht, ohne Pomp. Ich mag weder geöffnet noch einbalsamiert werden. Man setze mich in Sanssouci oben auf der Terrasse in eine Gruft, die ich mir habe herrichten lassen.«

Erst am 17. August 1991, dem zweihundertfünften Todestag Friedrichs, wurde sein Wille erfüllt. Warum so spät?

Unmittelbar nach seinem Tode kursierten anonyme Flugschriften in Berlin, die vom angespannten Verhältnis zwischen Friedrich und seinem Neffen und Nachfolger Friedrich Wilhelm II. berichteten. Pikante Anekdoten von jemandem, der sich bei Hofe auskannte, würzten die Schrift. So auch Friedrichs Urteil über seinen Nachfolger. Er hielt ihn für weiberhörig, faul, verschwenderisch und sah sein Preußen in Händen des Neffen bald ruiniert. Der Neffe leistete keine Gegenwehr, gab sich Mätressen hin und wartete seine Zeit ab. Als sie gekommen war, verpasste er seinem toten Onkel eine pompöse barocke Leichenfeier samt Staatsbegräbnis wie zu Zeiten König Friedrich I. (1713) und ließ Friedrich in der Garnisonskirche neben seinem Vater beisetzen. Die neuen Herrschaften hielten das für eine angemessene Rache an dem von ihnen wenig geliebten König. Aber stimmt das?

»Das Begräbnisgewölbe ward schon angelegt, ehe die Erde von der Terrassierung auf die oberste Anhöhe heraufgekarrt war. Es war also zum Teil über der Erde gebauet und nachher mit Erde bedeckt«, schrieb Friedrich Nicolai 1769 zum Schlossbau von Sanssouci. Die Gruft wurde so beschrieben: »Sie ist etwa 12 Fuß lang (3,29 Meter) und 6 Fuß breit (2,12 Meter) und acht Fuß hoch (1,90 Meter), oben durch ein Kreuzgewölbe überdeckt. Die Wände sind ganz glatt, ohne jegliche Verzierung, nur mit Kalk getüncht, dessen reinweiße Farbe sich durch Abgeschlossenheit der Luft vollständig erhalten hat.«

Steht man auf der Terrasse, deutet nichts auf die Gruft hin, sie liegt völlig unter der Erde, der Eingang ist verschüttet und mit Gras bewachsen. Über dem Scheitelpunkt des Gruftgewölbes steht auf der zu erheben, zu ihm herunter. Friedrich Wilhelm haßte nichts, kaum liebte er etwas. Sein einziger Widerwille galt den Leuten, die Geist hatten. Im Innern des königlichen Hauses herrschte eine vollkommene Unordnung. Weder dem Haushofmeister noch dem Oberintendanten waren Etats zugewiesen worden. Überall herrschte Verwirrung und Zeitvergeudung. Kein Papier war in Ordnung, auf keine Eingabe erfolgte ein Bescheid; kein Brief wurde vom König persönlich geöffnet und keine menschliche Gewalt wäre imstande gewesen, ihn dazu zu bringen, 40 Zeilen hintereinander zu lesen. Auf stoßweise ausbrechende Heftigkeit folgten regelmäßig Abspannung und Nichtstun.«

Wir haben uns eingangs die Frage gestellt, wie das Friedrichbild nach Behebung der Irrtümer aussieht. Mit den Kolossalporträts des neunzehnten Jahrhunderts hatte der König nichts zu tun. Er war feinsinniger, nervöser, verschlagener, ehrlicher, viel mehr Mensch, als jene Bilder mit dem strengen Blick und entschlossenen Mund suggerieren wollen. Friedrich war tief verletzt, als ihm Bruder Heinrich bei einer routinemäßigen Revue den vollen militärischen Respekt verweigerte. Er sprach Monate nicht mit Heinrich, worunter er noch mehr litt. Friedrich trauerte lange und tief verstorbenen Freunden nach. Er freute sich beim Anblick von Gemälden, feixte wie ein Spitzbube, wenn ihm ein Spottvers auf die Pompadour gelang, er war stolz auf gewonnene Schlachten und verkroch sich bei Niederlagen. Friedrich war ein emotionaler Mensch, der sich zur Rationalität zwang. Er hatte die Fähigkeit zu schonungsloser Selbstkritik, er reflektierte sich also ständig selbst.

Friedrich war ein »Wohnmensch«. So oft und so viel er durchs Land zog, er lebte in seinen drei Schlössern, dem Potsdamer Stadtschloss, Sanssouci und dem Neuen Palais. Er hatte sich dort seine Refugien konzipiert und ließ sie bis ins Detail seinen Ansprüchen entsprechend ausführen. Die Bibliothek von Sanssouci war eine Art Heiligtum. War Friedrich nicht im Schloss, durfte niemand diesen Raum betreten. Er war sehr neugierig und ungeduldig. Nichts ging ihm schnell genug, dazu musste es perfekt sein, das Manöver, die Innenausstattung eines Gemaches, die Dichtung, die Musik usf. Friedrich liebte bis zum Lebensende Gesellschaft, quälten ihn keine Schmerzen. Die Zeitumstände verlangten von Friedrich enorme Anpassungsfähigkeit, und er hatte sie. Friedrich war Pragmatiker. Er war nicht von Genie durchdrungen und getrieben, wie man es später gerne sah.

Friedrichs Mitregenten in Paris, London, Dresden oder Stockholm waren so blass und unfähig, auf die Probleme der Zeit zu reagieren, wie Friedrichs Nachfolger. Friedrich war für seine Zeit und für sein Land der richtige König.

Friedrich an die Offiziere des 23. Infanterie-Regiments am 23. Dezember 1783: »Ihro Majestät der König lassen alle Herrn Offiziers zum neuen Jahr gratulieren, und die nicht so sind, wie sie sein sollten, möchten sich bessern.«